B. Paschel

Klaus Waller, Henner Michels

Sigrid Seidel 585328

Augustusstr. 5

Sport - Profit - Politik

Verlag
Marxistische Blätter
Frankfurt/Main 1974

Frankfurt/Main, Heddernheimer Landstraße 78 a

Druck: Plambeck & Co. Druck und Verlag GmbH, Neuss
Umschlaggestaltung: Nikolaus Ghesquiere
ISBN 3-88012-293-8
Mak 69

Inhalt

Einleitung

Der Sport ist heute, mehr als je zuvor, im Gespräch. Durch die immer weiter fortschreitende Technisierung unserer Umwelt, die eine immer größere Bewegungsarmut weiter Kreise der Bevölkerung mit sich bringt, sind Sport und Leibeserziehung zu einem wichtigen Bestandteil des gesellschaftlichen Lebens geworden.

Allein aus dieser Tatsache ergibt sich, daß das in der Bundesrepublik so beliebte Wort vom „unpolitischen Sport“ ein Schlagwort ist, das mit der Wirklichkeit nichts gemein hat.

In der Bundesrepublik ist auch der Spitzensport in den letzten Jahren immer mehr in die Diskussion geraten. Dies wurde nicht zuletzt dadurch hervorgerufen, daß sich die BRD innerhalb kürzester Zeit um die zwei größten Sportereignisse der Welt beworben hatte: Die Olympischen Spiele 1972 in München und die Fußball-Weltmeisterschaft 1974 in neun Stadien der BRD sowie im Olympiastadion von Westberlin.

Lange schon ist der Sport auch von den Buch-Autoren entdeckt worden. Doch die Mehrzahl aller Bücher, die sich mit dem Sport befassen, stellen nicht viel mehr dar, als die Fortsetzung der bürgerlichen Sport-Zeitungsseiten mit anderen Mitteln. Starporträts, Schicksalsberichte, diverse Olympia- und Weltmeisterschafts-Jubelbände bestimmen die Szene.

Immerhin erschienen in den letzten Jahren auch kritische Untersuchungen zum Sport im Kapitalismus. Diese Veröffentlichungen hatten oft (nicht immer) Nachteile: Manche Autoren glaubten ihren wissenschaftlichen Anspruch mit eine „dazugehörenden“ Soziologen-Sprache untermauern zu müssen und blieben so für die Masse der Sportreibenden und Sportanhänger unverständlich. Einige Autoren schossen über das Ziel hinaus und verdammten mit dem Spitzensport in der Bundesrepublik gleich den Sport überhaupt — wobei keine Unterscheidung mehr zwischen der der breiten Masse dienenden Sportbewegung im Sozialismus und dem den Profit-Interesse des Groß-

kapitals untergeordneten Sportbetrieb im Kapitalismus mehr herausgearbeitet wurde.
Das vorliegende Taschenbuch stellt weder im Inhalt noch in der Sprache wissenschaftliche Ansprüche. Unser Anliegen war es, die Situation deutlich zu machen, in der sich der Sport in der Bundesrepublik befindet, die Abhängigkeiten aufzuzeigen, denen der Sport im staatsmonopolistischen Kapitalismus ausgesetzt ist.
Und wir wollten noch weitergehen: Im letzten Kapitel sind konkrete Schlußfolgerungen gezogen, Alternativen für die nächste Zukunft aufgezeigt — und das, obwohl wir uns klar darüber sind, daß eine endgültige Nutzbarmachung des Sports zum Wohle aller arbeitenden Menschen erst im Sozialismus möglich sein wird.
Der Sport ist eine Massenbewegung. Der Deutsche Sportbund ist mit seinen weit über zehn Millionen Mitgliedern die zahlenmäßig stärkste Organisation in der Bundesrepublik. Auch hier kann, hier muß politische Arbeit betrieben werden.
Wenn dieses Buch ein wenig dazu beitragen kann, die kommenden Aufgaben für die fortschrittlichen Kräfte im Sport der Bundesrepublik zu verdeutlichen, hat es seinen Zweck erfüllt.

1. Die Politik des BRD-Sports

Ein besonderes Vorbild: Carl Diem

Wenn man von der heutigen Situation im Sport der Bundesrepublik schreibt, muß man natürlich auch den historischen Hintergrund der Sportbewegung im Deutschland vor dem 2. Weltkrieg berücksichtigen. Nicht umsonst versteht sich das bundesdeutsche Nationale Olympische Komitee als legitimer Nachfolger der Sportbewegung sowohl der Weimarer Republik als auch des Dritten Reiches. Nicht umsonst auch werden heute die damaligen Sportführer, die zum Teil auch noch am Aufbau des bundesdeutschen Sports beteiligt waren, als leuchtende Vorbilder hingestellt.

Es würde allerdings den Rahmen dieses Buches sprengen, auch nur einen groben Abriß der Geschichte des Sports in Deutschland aufzuzeigen. Wir müssen uns vielmehr darauf beschränken, ein Licht auf jene Personen zu werfen, die als Leitbilder der heutigen Sportführung anerkannt werden.

Wichtigster Vertreter dieser ehemaligen Führer der deutschen Sportbewegung war zweifellos Carl Diem, der Generalsekretär der Olympischen Spiele 1936 in Berlin. Auf einer Veranstaltung in der Deutschen Sporthochschule in Köln — die von Carl Diem mitbegründet wurde — äußerte im Juni 1972 Willi Weyer über diesen Mann: „Wir spüren, daß er bei uns ist, daß er uns mahnt, sein Werk fortzusetzen und nicht nachzulassen in den Bemühungen, dieses Werk weiter zu gestalten.“[1] Und Willi Daume urteilt über Carl Diem so: „Die deutsche Turn- und Sportbewegung verehrt in Diem ihre schöpferischste und umfassendste Persönlichkeit der Gegenwart. Sie schuldet dem Manne, der so viel für sie getan hat, einen besonderen Dank.“[2]

Wer war nun dieser Carl Diem? 1982 geboren, fungierte er von 1913 bis 1933 als Generalsekretär des Deutschen Reichsaus-

---

1 Nach: Unsere Zeit, Nr. 31/1972.
2 Nach: Gerhard Vinnai (Hrsg.): Sport in der Klassengesellschaft, Fischer-Taschenbuch-Verlag, 1972, S. 41.

schusses für Olympische Spiele. Anläßlich der für 1916 in Deutschland vergebenen Olympischen Spiele (die dann dem vom deutschen Imperialismus entfesselten 1. Weltkrieg zum Opfer fielen) formulierte er: „Es gilt, in diesen Spielen ein Zeugnis deutscher Organisationskraft zu geben, ... der herbeiströmenden Welt unser Vaterland in seiner Schönheit, in seiner industriellen, wirtschaftlichen und militärischen Macht zu zeigen."[3] Eine Aussage, die sich nur unwesentlich von denen heutiger Sportführer und Politiker vor den Olympischen Spielen 1972 unterscheidet.

Andere Aussprüche Carl Diems fallen heute nicht mehr in dieser Deutlichkeit. So führte er 1931 in einem Vortrag vor der Heeresschule für Leibesübungen in Wünsdorf aus: „Am 21. März 1918, während der großen Schlacht von Frankreich im Verbande der 221. Division auf dem rechten Flügel bei Arras, fand ich beim Durchbruch durch die englische Infanteriestellung in einer englischen Batterie neben vieler Munition einen Fußball. Ich schenkte ihn der Jugendabteilung des BSC mit der Bemerkung: ‚Ihr seht, Krieg und Sport gehören zusammen.'

Der Krieg ist der vornehmste, ursprünglichste Sport, der Sport par excellence und die Quelle aller anderen Sportarten und doch: Irgend etwas wehrt sich in unserem Innern, den Krieg einen Sport zu nennen. Vielmehr will es uns scheinen, als ob Krieg und Sport ein Gegensatz sein müssen, was dadurch nicht ausschließt, daß der Sport zum Krieg gehört oder ihm dient.

Das alte Militärturnen war unmittelbar soldatische Ausbildung. Mit dem Sportgeist kam etwas Wunderbares, der gleiche Nutzeffekt durch ein Gegenstück zum Dienst. Es wurden gewissermaßen zwei Fliegen mit einer Klappe geschlagen ...

Die Führer des Sports und die Führer des deutschen Volkes müssen ein Bündnis schließen. Wenn der Staat sich zu einer bestimmten Sportpolitik entschließt, die er gemeinsam mit den Führern des Sports zähe verfolgt, dann kann ohne jeden Zwang und ohne jeden Eingriff nur auf dem Wege der Förderung des bestehenden Guten das Ziel weitgehend erreicht werden."[4]

---

3 Ebenda, S. 28.
4 Nach: Information, Hrsg. Gesellschaft zur Förderung des Olympischen Gedankens in der DDR, Nr. 2/1970.

Auch im 2. Weltkrieg hielt Carl Diem nicht mit seiner Einstellung hinter dem Berge. Am 25. Juni 1940 veröffentlichte er im „Reichssportblatt“ (Berlin) einen Aufsatz, in dem es hieß: „Sturmlauf durch Frankreich, wie schlägt uns alten Soldaten, die wir nicht mehr dabeisein können, das Herz, wie haben wir mit atemloser Spannung und steigender Bewunderung diesen Sturmlauf, diesen Siegeslauf verfolgt! Die fröhliche Begeisterung, die wir in friedlichen Zeiten bei einem kühnen kämpferischen sportlichen Wettstreit empfanden, und die mit einem inneren Herzbeben, in das etwas von jener fröhlichen Begeisterung hineinklingt, stehen wir staunend vor den Taten des Heeres. In ihnen zeigt sich, was der Deutsche kann, in ihnen wächst der Deutsche von heute über alles Frühere und über sich selbst hinaus. Vielerlei sind die Gründe. Eine der Ursachen aber — das dürfen wir stolz verkünden — ist der sportliche Geist, in dem Deutschlands Jungmannschaft aufgewachsen ist . . .“[5]

Von den Sportführern der Bundesrepublik wird Carl Diem wegen seiner vielfältigen Initiativen zur Förderung des Sports in Deutschland gerühmt. Sicherlich war Diem erheblich daran beteiligt, Spitzen- und Breitensport aufzubauen und zu organisieren. Während des Dritten Reiches sogar mit starker Unterstützung der Nationalsozialisten. Die Motive aber, die dahinter standen, kommen in den oben abgedruckten Ausführungen zum Ausdruck: Gerade das Dritte Reich war daran interessiert, den Sport sowohl als paramilitärische Ausbildung zu mißbrauchen, als auch durch den Sport nationalistische, chauvinistische Gefühle zu wecken, die dann den Boden für die Aggression von 1939 vorbereiten sollten.

Diem war zu diesem Vorhaben der ideale Mann. Aber seine Karriere ging keineswegs mit dem Zusammenbruch des Dritten Reiches zu Ende. In der Bundesrepublik fand er auch weiterhin ein lohnendes Betätigungsfeld. Als Generalsekretär des NOK, Gründer der Sporthochschule in Köln und als Referent im Bundesinnenministerium übte er auch weiterhin entscheidenden Einfluß auf die Entwicklung des Sports aus.

---

5 Ebenda.

Der Alleinvertretungsanspruch

Aber nicht nur Diem sprach auch nach 1945 noch ein gewichtiges Wort beim Aufbau des bundesdeutschen Sports mit. „In Westdeutschland fand man die alten Funktionäre in ihren Ämtern wieder. Der Generalsekretär des Nationalsozialistischen Reichsbundes für Leibesübungen, Guido von Mengden, der wie Ritter von Halt (ehemaliger Reichssportführer, d. Verf.) bis in die letzten Stunden für den ‚Endsieg' geworben hatte, gehörte zu den ersten, die sich der Sportorganisation wieder bemächtigten. ... Am 24. September 1949 wurde das westdeutsche NOK gegründet. Adenauers Stellvertreter Blücher erschien zu dieser Veranstaltung und sagte, Adenauer nacheifernd, wörtlich: ‚Wenn wir heute hier erschienen sind, um das NOK zu gründen, dann ist in der Tat diese Nation hier vertreten.' Der Generalsekretär dieses neugegründeten NOK hieß — Dr. Carl Diem."[6]

Schon vor dem NOK hatte sich der Deutsche Sportbund gegründet. Er war ein Zusammenschluß der von den Nationalsozialisten zerschlagenen Arbeitersportbewegung und der bürgerlichen Sportbewegung. Der Deutsche Sportbund war ausdrücklich als demokratische, antifaschistische Dachorganisation des Sports deklariert worden. Dabei war die Abmachung getroffen worden, daß alle Führungspositionen den Anteilen der jeweiligen Gruppen entsprechend ausgefüllt werden sollten. Doch es zeigte sich, daß dies eine Fiktion war: Die bürgerlichen Sportführer beherrschten bald die Szene, und nur in den traditionellen Arbeitervereinen konnten sich Repräsentanten des Arbeitersports zum Teil bis heute halten. Doch immer mehr ist auch hier ein Einbruch bürgerlicher Kreise zu verzeichnen. Zum Präsidenten des DSB wurde bei seiner Gründung 1946 ein „unbelasteter" Mann gewählt — Willi Daume, der sich bald zu einer zentralen Figur des bundesdeutschen Sports entwickelte und dabei den Rat und die Unterstützung der ehemaligen Nazi-Sportführer fand. Die bundesdeutschen Sportorganisationen trugen nun die politische Richtung des Alleinvertretungsanspruches in die internationalen Fachverbände

---

6 Klaus Ullrich: Olympia und die Deutschen, Hrsg. Gesellschaft zur Förderung des Olympischen Gedankens in der DDR, S. 69.

und das Internationale Olympische Komitee (IOC). Dabei wurden alle Angebote von Seiten des DDR-Sports auf ein gemeinsames internationales Auftreten brüsk abgelehnt. Als Beispiel sei hier ein Brief genannt, den das NOK der DDR am 22. April 1950 an das NOK der BRD richtete: „Die Tatsache, daß zwei olympische Komitees in unserem gemeinsamen Vaterland bestehen, drückt diesen auf die Dauer unhaltbaren Zustand der gewaltsamen Trennung klar aus. Deshalb ist das Olympische Komitee der DDR der Auffassung, daß es möglich sein muß, auf gemeinsamer Grundlage ein NOK für ganz Deutschland zu bilden."[7] Der Brief wurde nie beantwortet.

Begünstigt durch das damalige Kräfteverhältnis in der Welt, das sich auch in der Zusammensetzung der internationalen Sportgremien ausdrückte, konnte der westdeutsche Sport eine volle Anerkennung des DDR-Sports bis Mitte der sechziger Jahre verhindern. Aber man konnte nicht alle Wünsche durchdrücken. 1955 beschloß das IOC gegen den hartnäckigen Widerstand des westdeutschen IOC-Mitgliedes Ritter von Halt (er betonte vor Journalisten, daß seine Stimme eine Gegenstimme gewesen war) die provisorische Anerkennung des NOK der DDR, verbunden mit der Aufforderung zur Bildung einer gemeinsamen deutschen Olympia-Mannschaft. Klaus Ullrich schreibt dazu in seiner Broschüre „Olympia und die Deutschen": „Und damit niemand glauben sollte, dies wäre vielleicht ein Alleingang des Herrn Ritter von Halt, beeilte sich Bonn, durch den Leiter des Bundespresseamtes, Forschbach, erklären zu lassen: ‚... daß bei kommenden Verhandlungen jegliche Konzession zu unterbleiben hätte, die alleinige Führung der olympischen Seite gesichert und im übrigen erreicht werden müsse, daß die gleichberechtigte Anerkennung des NOK der DDR rückgängig gemacht werden müsse.' Die olympische Geschichte kennt keine Regierung, die so offen und unmißverständlich in die Belange des Internationalen Olympischen Komitees einzugreifen gewagt hätte."[8]

Aber die Entscheidung des IOC war nicht mehr rückgängig zu machen. Jetzt ging es den BRD-Sportführern vor allem darum, die vollkommene Anerkennung der DDR im internationalen

---

7 Ebenda, S. 73.
8 Ebenda, S. 84.

Sport — und damit die Bildung zweier deutscher Olympiamannschaften — zu verhindern. 1961 erreichte der Kampf gegen den DDR-Sport einen neuen Höhepunkt, als Willi Daume am 16. August den Abbruch des Sportverkehrs zwischen den beiden Staaten verkündete. Sein Kommentar: „Das ist die Sprache, die die Zone versteht!“[9] Mit welchem Haß Daume den Sportrepräsentanten der DDR gegenübertrat, läßt sich an dieser Episode verdeutlichen: 1964 erschien Daume in Tokio zu den Verhandlungen der beiden deutschen NOK mit untergeschnallter Pistole![9a]

1966 wurde vom IOC die Zulassung zweier deutscher Mannschaften für die Olympischen Spiele 1968 beschlossen. In Mexiko dann war es soweit: Das NOK der DDR wurde vollgültig anerkannt, für 1972 wurde beschlossen, daß beide deutsche Mannschaften mit eigenen Fahnen und eigener Hymne auftreten durften. Der Alleinvertretungsanspruch war gescheitert.

Olympische Spiele als politische Antwort

Doch die Sportführung der BRD hat bis heute ihren Kampf gegen die DDR nicht aufgegeben. Als „Antwort“ auf die Entscheidung des IOC, der DDR-Olympiamannschaft die volle Souveränität zu geben, bewarb sich die Bundesrepublik um die Austragung der Olympischen Spiele.[10]

Bundeskanzler Willy Brandt drückte später aus, worum es bei der Austragung der Spiele in der BRD ging: „Wir wollen der Welt das moderne Deutschland zeigen.“[11]

Um dieses Ziel der Selbstdarstellung zu erreichen, täuschte man vor der Bewerbung sowohl das IOC als auch die Bevölkerung in der BRD. So gaukelte man der Öffentlichkeit vor, die Spiele würden lediglich 500 Millionen Mark kosten. Münchens damaliger Oberbürgermeister Dr. Vogel erklärte im Stadtrat: „Eines möchte ich ... ganz unmißverständlich aussprechen. München kann und will sich mit den Möglichkeiten einer Stadt

9 Ebenda, S. 88. 9a Ebenda, S. 92.
10 Unsere Zeit, Nr. 32/1972.
11 Ebenda.

wie Tokio nicht vergleichen und nicht messen. Falls für das Jahr 1972 Olympische Spiele erwartet werden, die hinsichtlich des Aufwandes und des zahlenmäßigen Ergebnisses die des Jahres 1960 oder des Jahres 1964 erreichen, ja sogar noch übertreffen sollten, dann kann, und ich glaube ehrlicherweise sagen zu sollen, will München diese Spiele nicht ausrichten."[12] Diese Aussage wurde vor dem IOC wiederholt und fand dort zustimmendes Echo — man wollte weg von dem immer bedrohlicher werdenden Gigantismus der Olympischen Sommerspiele. Gleichzeitig wurde den IOC-Mitgliedern Münchens Bewerbung mit dem Hinweis darauf schmackhaft gemacht, man plane unter dem Titel „Die Begegnung von Sport und Kunst" ein gewaltiges Kulturprogramm für die Spiele. Hierzu eine weitere Aussage Vogels: „Es erschien zweckmäßig, den Antworten eine Präambel voranzustellen. In ihr wird der Gedanke Coubertins von der klassischen Einheit von Sport und Kultur betont . . ."[13]

Was bei der ganzen Sache schließlich herauskam, ist bekannt. Die Olympischen Spiele wurden die gigantischsten der Neuzeit, die Gesamtkosten überstiegen die Zwei-Milliarden-Mark-Grenze, die Nachfolgekosten für die Sportanlagen stiegen ins Unermeßliche, viele von ihnen können heute gar nicht ausgenutzt werden. Sie wurden lediglich für den Tag X konzipiert, den Tag der Olympischen Spiele, mit denen man der Welt das „moderne Deutschland" zeigen wollte.

Dieses „moderne Deutschland" konnte man allerdings nach den Spielen besser besichtigen: Noch ein Jahr später standen die meisten Wohnungen des Olympischen Dorfes leer, weil die Mieten unerschwinglich hoch sind. Zur gleichen Zeit gab es in München Tausende von Wohnungssuchenden.

Eine Antwort auf die internationale Anerkennung des DDR-Sports war allerdings nicht allein die Bewerbung für München. Das veränderte Kräfteverhältnis in der Welt hatte inzwischen neue politische Gegebenheiten geschaffen. In Bonn war die CDU/CSU von der Regierungsmacht verdrängt worden. Willy Brandt verhandelte mit der Sowjetunion und Polen, die Verträge von Moskau und Warschau wurden geschlossen. Auch

12 Ebenda.
13 Ebenda.

die Führungsspitze des DSB — die sich schon in der Adenauer-Ära jeder Wandlung bundesdeutscher Politik geschickt angepaßt hatte — entdeckte plötzlich wieder ihr Herz für den „innerdeutschen Sportverkehr".

Und zum gleichen Zeitpunkt als Bonn durch eine eigenmächtige Auslegung des vierseitigen Abkommens über Westberlin die Verhandlungen mit der CSSR zum Stocken brachte, spielte auch die DSB-Führung den Punkt Westberlin hoch. Bei Gesprächen zwischen dem Deutschen Sportbund und dem DTSB der DDR wurde demonstrativ der Westberliner Senator Korber in die Verhandlungskommission des DSB aufgenommen. Angebote der DDR, die auf einen normalen Sportverkehr zwischen den beiden Staaten hinausliefen, wurden abgelehnt, weil angeblich die volle Einbeziehung Westberliner Vereine in solche Vereinbarungen gesichert sein müsse. Direkte Kontakte zwischen Westberliner Klubs (Westberlin ist nach dem Wortlaut des Vierseitigen Abkommens kein Teil der Bundesrepublik) und der DDR sollten nach Aussage des DSB unmöglich gemacht werden.

Eine Folge dieser starren Haltung des DSB war, daß 1973 der Sportverkehr zwischen den beiden Staaten nicht ausgeweitet werden konnte. Die Politik des DSB stand also eindeutig im Gegensatz zu den Interessen der Sportler in beiden deutschen Staaten!

Daß es dem DSB bei seinen Verhandlungen mit dem DTSB kaum um einen geregelten Sportverkehr im Sinne der olympischen Idee und der Völkerverständigung geht, zeigt das Beispiel der X. Weltfestspiele der Jugend und Studenten in Berlin 1973. Obwohl bei dieser Veranstaltung in der Hauptstadt der DDR der Sport einen breiten Raum einnahm, und sich die Deutsche Sportjugend (DSJ) als Jugendverband des DSB mit 4,5 Millionen Mitgliedern als größter Jugendverband der BRD bezeichnet, lehnte dieser Verband eine Teilnahme an den Weltfestspielen ab. Im Organ der DSJ, Olympische Jugend, hieß es dazu: „... selbst unter Berücksichtigung der Tatsache, daß Egon Bahrs Methode der Annäherung um jeden Preis viel vom Glanz der ersten Tage verloren hat, war dies eine unpopuläre Entscheidung ... Die Deutsche Sportjugend, der man gerade in letzter Zeit eine progressive Marschrichtung nachsagt, also auf dem Kriegspfad der Reaktion? Eine solche Beurteilung würde an den Tatsachen vorbeigehen. Und die stellen sich so dar, daß die DDR-Veranstalter zwar die friedliebende Jugend der Welt auch mit ‚unterschiedlichen politischen, philosophischen und religiösen Anschauungen' einladen, sie aber sammenhang mit den dürftigen Ergebnissen bei den letzten Ost-West-Sportgesprächen für die DSJ ein deutliches Zeichen dafür, daß die DDR unter Annäherung und Verständigungsbereitschaft bedingungsloses Entgegenkommen versteht. Im Vertrauen auf die gegebenen Vertragsvoraussetzungen sieht die Sportjugend-Führung das als eine Zumutung an. So hat sie die immer noch vom Sendungsbewußtsein geprägte bundesdeutsche Ost-Politk ihrem Selbstverständnis entsprechend abgewandelt."[14]

---

14 Olympische Jugend, Frankfurt, 7/1973.

2. Die Sportbewegung in der BRD

Die Führung

Nicht nur die Anerkennung des DDR-Sports in den internationalen Organisationen des Sports, sondern auch die ständig zunehmenden Erfolge der Sportler aus der DDR waren der BRD-Sportführung Mitte der sechziger Jahre ein Dorn im Auge. Man wollte mit allen Mitteln verhindern, daß die DDR in München mehr Olympiasieger stellte, als das Gastgeberland (was schließlich doch eintraf).
In immer stärkerem Maße wandte man sich der Förderung des Leistungssports zu. Ziel war es, wie Heinz Laufer als Leiter des Arbeitskreises Sportpolitik beim Parteivorstand der DKP in einer Rede feststellte, „unter Verzicht auf den Ausbau des Breitensports, Artistengruppen zu schaffen."
So wurden neben den bestehenden Organisationen des BRD-Sports — Deutscher Sportbund, NOK, Olympische Gesellschaft — eine weitere gegründet: „Stiftung Deutsche Sporthilfe". Bundeskanzler Willy Brandt bezeichnete dieses „Sozialwerk des Sports" (Sporthilfe-Jargon) als „echte Bürgerinitiative".[1]
Betrachtet man sich die Bürger, die sich hier zusammengetan haben, erkennt man schnell, wer ein Interesse an der Aufrüstung des bundesdeutschen Spitzensports hatte und hier die Initiative ergriff: Vorsitzender ist bekanntlich der Warenhausbesitzer Josef Neckermann. Im Vorstand sitzen unter anderem: Eberhard von Brauchitsch, Generalbevollmächtigter von Axel Springer, Dr. Erich Vierhub, Mitglied des Verwaltungsrates der Dresdner Bank AG, Dr. Franz Burda, Verleger, Dr. Cornelius von Hovora, Ministerialdirektor im Bundesinnenministerium, Eberhard von Kuenheim, Vorstandsvorsitzender der BMW, Egon Wüstenhöfer, Vorstandsvorsitzender der Brauerei Isenbeck. Dazu kommen noch als einzige Vertreter des Sports Dr. med. Danz als Geschäftsführender Präsident des NOK der BRD und Dr. Hermann Karg, Vorsitzender des Bundesausschusses Leistungssport.

1 Deutsche Sporthilfe, Broschüre, Hrsg. Stiftung Deutsche Sporthilfe, Pressestelle, 1972.

Für die Aufzählung der Namen aus Politik und Wirtschaft, die im sogenannten Kuratorium dieser Stiftung sitzen, brauchte man mehrere Seiten dieses Buches. Einige seien hier herausgegriffen: Ernst Benda, Präsident des Bundesverfassungsgerichts, Peter Boenisch, Axel Springer Verlag, Otto A. Friedrich, Präsident der Bundesvereinigung der Deutschen Arbeitgeberverbände, Hans Dietrich Genscher, Bundesminister des Innern, Dr. Hans Gerling, Gerling-Konzern, Helmut Horten, Georg Leber, Verteidigungsminister, Dr. Erich Mende, Ludwig Poullain, Vorstandsvorsitzender der Westdeutschen Landesbank Girozentrale, Gustav Schickedanz, Großversandhaus Quelle, Otto Wolf von Amerongen, Präsident des Deutschen Industrie- und Handelstages. Insgesamt weist die Liste weit über 60 Mitglieder bzw. Vorsitzende von Aufsichtsräten und Vorständen westdeutscher Großkonzerne auf!
Aber hier gibt es nur die auffälligste Ansammlung von Repräsentanten der gesellschaftlichen Oberschicht in führenden Positionen des Sports. Auch in den anderen Organisationen wird die arbeitende Mehrheit der Sporttreibenden in keiner Weise repräsentiert. Nach einer Statistik von 1971 wurden zum Beispiel die Fachverbände des DSB geführt von drei Unternehmern, drei Geschäftsführern größerer Unternehmen, vier Rechtsanwälten, fünf Kaufleuten, sieben Beamten in höherer Laufbahn und je einem Diplom-Ingenieur, Forstwirt, Diplom-Landwirt sowie einem Wissenschaftler. Ein Fachverbandspräsident bezeichnet sich selbst als Angestellter — ein Arbeiter ist weit und breit nicht zu erkennen.[2]
Vor allem Beamte und Politiker drängen sich immer mehr in Sport-Leitungsfunktionen. Dies wird besonders deutlich bei der Aufzählung der Präsidenten der Landessportbünde in der BRD. Da finden sich (Stand 1971): Fritz Bauer, Erster Direktor der AOK Hamburg, Hans-Helmut Kämmerer, Bürgermeister, Karl Bommes, Regierungs-Oberamtmann, Albert Lepa, Direktor, Hermann Neuberger, Geschäftsführender Direktor der Saarland-Sporttoto GmbH, Fritz Piaskowski, Amtsvorsteher (Bezirksbürgermeister), Hermann Person, Regierungspräsident, Gerhard Schleger, Pensionär, Rudolf Sedlmayer, Techn. Bundesbahnoberamtsrat a. D., Willi Weyer, Innenminister von

2 Sportkontakt, Dortmund, „Who is who" im deutschen Sport, 1971.

NRW, Syndikus, Robert Suhr, Oberstudiendirektor. Als 1970 der damalige Präsident des Deutschen Sportbundes, Willi Daume, aufgrund öffentlicher Kritik wegen seiner Ämterhäufung (er war gleichzeitig Mitglied des IOC, NOK-Präsident und Präsident des Organisationskomitees für die Münchner Spiele) zurücktrat, wurde Willi Weyer in der Öffentlichkeit von einer starken publizistischen Lobby zum Idealkandidaten für den freiwerdenden DSB-Präsidentenstuhl aufgebaut.

Aber die Sportfachverbände waren wachsam. Denn ohne Zweifel hätte eine Präsidentenschaft Willi Weyers die Kompetenzen der Verbände stark eingeschränkt — wäre die Herrschaft der Politik im Deutschen Sportbund zementiert worden.

Als sich abzeichnete, daß nicht Willi Weyer, sondern Dr. Wilhelm Kregel, ein bis dahin in der Sportöffentlichkeit weitgehend unbeschriebenes Blatt, Präsident des DSB wurde, schrieb der Westberliner Sportjournalist Willi Knecht: „Die historische Erfahrung lehrt, daß mächtige Kurfürsten einen schwachen König hauptsächlich deshalb bevorzugten, weil solche Konstellation einseitig ihren eigenen Reichtum mehrte.“[3]

Knecht verschleierte mit dieser vordergründigen Argumentation, die immer wieder in Pressekommentaren auftaucht („Die Fachverbandspräsidenten sperren sich gegen eine weitere Zentralisierung des DSB, weil ihnen selbst damit Macht genommen wird“), daß es bei der Kampagne für Willi Weyer in erster Linie um die Entmachtung Willi Daumes ging. Weyer, „führende Persönlichkeit des deutschen Sports und profilierter Parteipolitiker im Ministerrang“ (Sport-Informations-Dienst)[4] nämlich wäre stark genug gewesen, Willi Daumes Einfluß zurückzudämmen, und dafür den Einfluß des Staates noch direkter zu gestalten.

Die Wahl von Wilhelm Kregel und seine bisherige Amtsführung zeigt dagegen, daß Daumes Einfluß ungebrochen ist. Kregel blieb bis heute als Präsident des DSB profillos — der starke Mann des BRD-Sports aber ist ohne Zweifel auch heute noch Willi Daume, der nach seiner Tätigkeit als Organisations-Präsident der Münchner Spiele heute normalerweise als NOK-Präsident nur noch eine repräsentative Rolle spielen dürfte.

---

3 Sport-Informations-Dienst, Düsseldorf, 14. 4. 1970.
4 Ebenda, 17. 8. 1973.

Das beschriebene Beispiel zeigt, daß es auch in der Führung des DSB Interessengegensätze gibt. Dabei geht es nicht um grundsätzliche Probleme (eine weitergehende Zentralisierung wird von allen Vertretern gefordert), sondern einmal um taktische Erwägungen (direkter Einfluß des Staates oder Aufrechterhaltung der nach außen hin demonstrierten Unabhängigkeit) sowie um persönliche Ambitionen (jeder möchte gern d e r bundesdeutsche Sportführer sein).

Neben Willi Daume und Willi Weyer meldet noch Josef Nekkermann Ansprüche auf die Führung des gesamten BRD-Sports an. Der Versandhausbesitzer führte schon 1969 aus: „Der deutsche Sport ... bedarf an seiner Spitze einer starken Führungspersönlichkeit.“[5] Neckermann, der 1938 sein erstes Versandgeschäft für den Spottpreis von nicht einmal einer Million Mark von dem Juden Karl Joel „kaufte“ (im Zuge des „Arisierungsprogramms“), war lange Jahre einer der erfolgreichsten Dressurreiter der Welt. Der Olympiasieger gündete 1967 die Stiftung Deutsche Sporthilfe und versuchte von nun an, immer mehr Macht im bundesdeutschen Sport auszuüben.

Neckermann versteht sich selbst — und das gibt er auch offen zu — als Vertreter des Großkapitals im bundesdeutschen Sport. Auf einer Konferenz der Stiftung Deutsche Sporthilfe mit Vertretern der Fachverbände verkündete er: „... wenn wir helfen und uns der Hilfe aller Kreise der Gesellschaft, insbesondere der in unserem Kuratorium vereinigten Wirtschaft, bedienen, dann haben wir einen klaren Auftrag. Und der heißt: Erfolg!“[6] Und daß Neckermann die Interessen der Wirtschaft mit den nationalen Interessen gleichsetzt, zeige dann seine bange Frage in einer Fernsehdiskussion: „Sind wir uns alle klar darüber, daß Sport auch nationales Prestige bedeutet?“[7]

Neckermann war die treibende Kraft bei der Aufrüstung des bundesdeutschen Spitzensports vor den Olympischen Spielen 1972. „Erfolge durch Medaillen, sichtbare und zählbare Erfolge“[8] zu erringen war sein erklärtes Ziel. Der stellvertretende Vorsitzende der Sporthilfe, Eberhard von Brauchitsch, bezog auf eine Sporthilfe-Kuratoriumssitzung als Antwort auf Kritik

5 Nach: Unsere Zeit, Düsseldorf, Nr. 24/1971.
6 Ebenda.
7 Ebenda.
8 Ebenda.

an der „Bürgerinitiative“ klar Stellung: „Es gibt zwischen dem Bekenntnis zur Leistung im Sport mit der Endstufe des Spitzensports und zwischen der Leistung in der Wirtschaft als Grundlage einer Funktionsfähigkeit dieser Wirtschaft einen untrennbaren Zusammenhang. Die sogenannten Kritiker, die den Leistungssport ... angreifen, sagen zwar ‚Sport‘, sie meinen aber das Leistungsprinzip in unserer Gesellschaft und damit ohne Zweifel in erster Linie das Leistungsprinzip in der Wirtschaft.“[9] Der Generalbevollmächtigte des Axel-Springer-Konzerns bestätigte also in seinen Ausführungen genau die Kritik, gegen die er sich wendet.
Solche direkten Aussprüche, wie sie von Neckermann und seinen Sporthilfe-Ideologen reihenweise vorliegen, mag Willi Daume nicht. Der ehemalige DSB-Präsident und heutige Vizepräsident des Internationalen Olypischen Komitees liebt es eher, eine angebliche Unabhängigkeit des Sportes von Staat und Wirtschaft zu betonen. Immerhin gibt auch er indirekt die Aufgabe des Sports als Ordnungsfaktor in unserem Gesellschaftssystem zu. Auf dem großen Sporthearing im Bundestag am 23. Januar 1969 sagte er: „Wenn ich lese oder höre, daß der deutsche Sport geschlafen habe, so kann ich dazu nur sagen: Wenn man auf allen Gebieten in der Bundesrepublik so wach gewesen wäre, hätten wir wahrscheinlich keine rebellische Jugend in diesem Land.“[10] Und er bestätigt: „Wir waren und sind die Treuesten dieses Staates.“[11]
Willi Daume, 1950 als „Zufallskandidat“[12] zum Präsidenten des Deutschen Sportbundes gewählt, entwickelte sich bald zur beherrschenden Figur im BRD-Sport. Zu seinem sechzigsten Geburtstag überschlugen sich die westdeutschen Sportjournalisten in Lobpreisungen für den „behutsamen Lotsen des Sports“ (Rudolf Hagelstange). Wir zitieren hier aus einem Artikel des Pressechefs der Olympischen Spiele von München, Hans Klein, der in der Frankfurter Allgemeinen beschrieb, wie Willi Daume sich selber sieht und von seinen Anhängern gesehen wird: „Er ist: der Vizepräsident des Internationalen Olympischen Komitees, der Präsident des Nationalen Olym-

9 Nach: Frankfurter Allgemeine Zeitung, 23. 5. 1973.
10 Nach: Sport-Informations-Dienst, 23. 1. 1969.
11 Ebenda.
12 Frankfurter Allgemeine Zeitung, 23. 5. 1973.

pischen Komitees, der Präsident des Organisationskomitees für die Spiele der XX. Olympiade, der Ehrenpräsident des Deutschen Sportbundes, ein wohlhabender Dortmunder mit ererbter kleiner Eisenhütte, erarbeiteten Beteiligungen und Aufsichtsratsposten bei verschiedenen Firmen, ein ehemals erfolgreicher Leichtathlet, Handball-, Fußball-, Basketballspieler, Turner, Tennisspieler, ein Schöngeist mit Vorliebe für Bach, Camus, moderne Maler, kinetische Künstler, Bauhaus-Architekten und deren Epigonen, ein Krawattensammler, in früheren Jahren auch ein Horch-300-SL-Porsche-Ferrari-Fahrer, als Hobbykoch ein Meister im Süßwarenfach, ein Familienvater mit zuwenig Zeit für Frau, 17jährigen Sohn und 15jährige Tochter, ein Sammler von Meißner Porzellan, der Inhaber unzähliger Orden und Ehrenzeichen, ein Redner, der mit Blick zum Himmel manchem Wort ein gedehntes Äh folgen läßt, aber bei wichtiger Gelegenheit Reden von der Sprachkraft, dem Gedankenbau und der Flüssigkeit eines griechischen Rhetors hält, ein Mensch voll überlegter Dankbarkeit gegenüber Helfern, ein oft durchschaubarer Taktiker, ein selten durchschaubarer Stratege.“[13]

Der in solchen Lobpreisungen zum „Mann neuer Dimensionen, aber alter Maßstäbe“ emporgehobene Willi Daume zeigt aber, laut Hans Klein, auch „menschliche“ Züge: „Über die Madrider IOC-Entscheidung von 1965 verbittert, zwei getrennte deutsche Olympiamannschaften zuzulassen, betrieb er die Bewerbung um Olympia 72.“[14] Verbitterung — über seine gescheiterte Politik der sportlichen Isolierung der DDR, sie kommt auch noch heute zum Ausdruck. Nach einem der Gespräche zwischen dem Deutschen Sportbund und dem Turn- und Sportbund der DDR, an denen Daume in der BRD-Delegation als tonangebender Funktionär teilnahm, sagte Daume im Kreise von Journalisten: „Wir sind enttäuscht darüber, daß Bonn die zugesagte Hilfeleistung für die Sportverbände bei der Intensivierung des Sportverkehrs bisher nicht deutlich präzisiert hat. Aber wir sind leider nicht die Bundesregierung . . .“[15] Dieser „Ausrutscher“ — direkte Angriffe auf staat-

---

13 Ebenda.
14 Ebenda.
15 Frankfurter Rundschau, 23. 5. 1973.

liche Stellen sind sonst nicht die Art Willi Daumes — wurde mit einer scharfen Erklärung der SPD/FDP-Bundesregierung beantwortet. Daume hielt sich in Zukunft etwas zurück.
Denn seinen Opportunismus gegenüber stärkeren Kräften hat Daume nie verloren. Ein Beispiel hierfür lieferte er auf dem X. Olympischen Kongreß 1973 in Varna, als er völlig überraschend in einer Rede für die Beibehaltung des olympischen Zeremoniells bei Siegerehrungen (Flaggen und Hymnen) plädierte. Noch vor den Olympischen Spielen 1972 war nämlich von demselben Daume der Versuch gemacht worden, dieses Zeremoniell abzuschaffen, weil ihm das oftmalige Anhören der DDR-Hymne in den Tagen von München offenbar nicht angenehm zu sein schien. Der Grund für die plötzliche Sinnesänderung in Varna: Die weitaus größte Anzahl der versammelten Sportführer aus aller Welt war für eine Beibehaltung der bestehenden Regelung. Und Willi Daume, der „buchstäblich ohne sein Zutun“[16] 1972 zum IOC-Vizepräsidenten gewählt worden war, möchte offensichtlich einiges dazutun, dieses Amt zu behalten.

Die Mitgliedschaft

Anfang 1973 betrug die Mitgliederzahl im Deutschen Sportbund nach offiziellen Angaben 11 497 000 Mitglieder. Auch wenn man berücksichtigt, daß diese Zahl noch umstritten ist — bei Doppelmitgliedschaft in verschiedenen Vereinen wird ein und dieselbe Person mehrfach gezählt — ist dies eine ansehnliche Zahl. Die Zahl der ehrenamtlichen Helfer in den rund 40 000 Vereinen schätzt man auf über eine halbe Million.
Der Sportjournalist Karl-Adolf Scherer, Verfasser vieler offizieller DSB-Schriften, zählt die Mitgliederentwicklung seit Bestehen des DSB folgendermaßen auf: „In der Entwicklung des DSB sind verschiedene Perioden erkennbar. 1954 hatte der Sportbund 3,7 Millionen Mitglieder; das waren 7,2 Prozent der Bevölkerung der Bundesrepublik und Westberlins. Die Viermillionengrenze wurde 1956 (8,2 Prozent), die Fünfmillionen-

---

16 Frankfurter Allgemeine Zeitung, 23. 5. 1973.

grenze 1959 (9,5 Prozent) überschritten. Zwischen 1959 und 1964 wuchs die Mitgliederzahl des DSB nur unmerklich — um genau 1,3 Prozent der Gesamtbevölkerung. Nach der Trennung der gesamtdeutschen Olympiamannschaft 1965 in Madrid, die auch den Deutschen Sportbund außenpolitisch entlastete, verstärkten Willi Daume und seine Freunde die Mitgliederwerbung. Der Erfolg stellte sich schnell ein. 1966 wurde die Siebenmillionengrenze überschritten, 1967 acht Millionen Mitglieder registriert, 1969 neun Millionen und 1970 dann 10,1 Millionen."[17]

Mitgliederwerbung im DSB also auf Grund außenpolitischer Niederlagen — immerhin eine interessante Interpretation, die allerdings nur beschränkt zutreffen dürfte. Hauptursache für den Mitgliederzuwachs im DSB dürfte wohl sein, daß sich in der industrialisierten Gesellschaft immer mehr die Einsicht in den Hohen Wert körperlicher, sportlicher Betätigung durchsetzt. Neben der machtpolitischen Genugtuung, die steigende Mitgliederzahlen für die bundesdeutschen Sportführer bedeuten, gibt es auch Gründe für die Annahme, daß denselben Sportführern das sprunghafte Ansteigen der Sportbegeisterten gar nicht so gelegen kommt: Je mehr Menschen nämlich in den DSB strömen, um so offenkundiger wird die katastrophale Sportplatzsituation in unserem Land.

Ein typisches Beispiel hierfür ist der Volleyball-Verband. Innerhalb eines Jahres verdoppelte sich diese Organisation auf über 40 000 Mitglieder (Mitte 1973). Maßgebenden Anteil hieran hatten die Übertragungen vom Olympischen Volleyballturnier in München. Aber bald stellte sich heraus, daß in der BRD viel zu wenig Hallen vorhanden waren, um allen Volleyballspielern Gelegenheit zu Training und Spiel zu geben. In einem Artikel der Wochenzeitung „Die Zeit" heißt es dazu: „Die hiesigen Verbandsoberen waren dabei wie vom Schlag getroffen. Es geht ihnen wie dem Zauberlehrling: die Geister, die sie riefen, werden sie nun nicht mehr los! — Oder anders gesagt: um jenem Boom Herr zu werden, fehlt's an Trainern, Schiedsrichtern, Spielwarten und vor allem an Hallen. Dabei schießen Volleyballabteilungen in Großgemeinden, an Mittelpunkt- und Gemeinschaftsschulen, geradezu wie Pilze aus dem

17 Frankfurter Allgemeine Zeitung, 15. 2. 1973.

Boden. Und die Optimisten unter den Verbandsfunktionären rechnen schon bald mit einer Zahl von 70 000 Aktiven. Längst wurde der einst so vehement gestartete Basketballverband überflügelt ... Dämpfer erhalten die Volleyballeleven dennoch fast allerorten. Zwar rät ihnen niemand mehr, wie noch vor Jahren das Wiesbadener Sportamt, lieber Radball zu spielen, oder sich per Kanu am Wasserwandern zu beteiligen, doch Hinternisse gibt es genug. So rechnet man beispielsweise beim renommierten Sportverein Darmstadt 98 damit, die etwa 300 Mitglieder starke Volleyballabteilung wieder auflösen zu müssen, weil es in Darmstadt einfach an Hallen fehlt. Auch in Hamburg sind die Übungshallen größtenteils überfüllt ...“[18]

Der größte Verband im DSB ist der Deutsche Fußball-Bund mit über drei Millionen Mitgliedern. Auf dem zweiten Platz liegt der Turner-Bund (DTB) mit etwa 2,5 Millionen eingetragenen Mitgliedern vor dem Deutschen Schützen-Bund (in dem allerdings auch die nur zu Jahrmarktzeiten „aktiven“ Schützenbrüder organisiert sind) mit 750 000 Mitgliedern. Es folgen die Leichtathleten (650 000) und die Schwimmer (500 000). Weiter in der Spitzengruppe sind der Tennis-Bund (450 000) und der Handball-Bund (440 000) zu finden.

Schon diese Aufzählung zeigt, daß der weitaus größte Anteil der DSB-Mitgliedschaft von Arbeitern und Angestellten gestellt wird. Um so mehr fällt es auf, daß diese Bevölkerungsgruppe in der Führung des BRD-Sports praktisch überhaupt nicht vertreten wird! Zwar wird von den hiesigen Sportideologen immer wieder behauptet, es gebe im Sport keine Standesunterschiede mehr — Willi Daume: „Die Zeiten sind vorbei, in denen sich bestimmte Gesellschaftsschichten durch Paragraphen in den Satzungen ihrer Sportklubs vom Volk abkapselten.“[19] — Doch ist genau das Gegenteil der Fall. Reiter-, Tennis- und Hockeyvereine sind auch heute noch zum allergrößten Teil dem finanziell gut gestellten Bürgertum vorbehalten. Selbst wer als Arbeiter die hohen Aufnahme- und Mitgliedergebühren bezahlen könnte, würde immer noch nicht die zwei Bürgen finden, die in der Regel zum Vereinsbeitritt

---

18 Die Zeit, Hamburg, 4. 5. 1973.
19 Willi Daume vor dem Kongreß „Sport und Erziehung“ in Mexiko City 1968, Originalmanuskript.

verlangt werden. Daneben gibt es als noch krassere Form etwa Golfvereine, die von vornherein ganz darauf angelegt sind, nur einer kleinen Kapitalistenschicht offenzustehen.
Aber auch in den Verbänden, die in der Hauptsache von Arbeitersportlern betrieben werden, wie zum Beispiel dem Fußball, Ringen, Boxen u. a., werden die Funktionäre zum größten Teil vom Bürgertum gestellt. Dies ist mit eine Folge der jahrzehntelang verkündeten Propagandalüge vom „unpolitischen" Sport.
Die Diskriminierung der Frau in unserer Gesellschaft ist übrigens auch im DSB nachzuweisen. Insgesamt beträgt das Mitgliederverhältnis Männer zu Frauen 7:3. Lediglich im Deutschen Turner-Bund gibt es als einzigem Verband mehr Frauen als Männer. Dennoch sind weder dort noch in einem anderen Verband auf entscheidenden Funktionärsposten Frauen zu finden.
Gilt die Feststellung, daß die überwiegende Mehrzahl der im DSB organisierten Sportler aus Arbeitern und Angestellten besteht, so ist dies bei den „inaktiven" Zuschauern noch deutlicher. Hunderttausende gehen wöchentlich zu Sportveranstaltungen, wobei der Fußball klar an der Spitze steht. Millionen konsumieren den Sport durch das Fernsehen. Auch diese Massen sollen sich über die Spitzensportler mit dem gesamten Sportbetrieb in der Bundesrepublik identifizieren, also auch mit der Sportpolitik der Unternehmer Daume, Neckermann und Co. Auch dazu ist es nötig, nationalistische Gefühle zu entfachen, um den Eindruck zu vermitteln, alle säßen in einem Boot. Aus diesem Grunde sind bundesdeutsche Sportführer bei allen bedeutenden internationalen Veranstaltungen auf heimischem Boden demonstrativ dabei. Aus diesem Grund werden in der Presse — wie in einem späteren Kapitel zu belegen sein wird — ständig Ereignisse aufgeputscht, bei denen angeblich „die Deutschen" von internationalen Kampfrichtern benachteiligt werden.

3. Sportpolitik des Staates

Einfluß auf die Sportverbände

Wo immer in der Bundesrepublik auf Sportveranstaltungen, Sportanlagen-Einweihungen oder Sportseminaren ein Politiker das Wort ergreift, beginnt dieser seine Ausführungen mit dem Bekenntnis zur Unabhängigkeit der Sportbewegung in diesem Staat. Solche Aussagen kehren mit einer derartigen Regelmäßigkeit wieder, daß sich der Gedanke geradezu aufzwingt, hier solle etwas zugedeckt werden.
Aus einem Bericht von Bundesinnenminister Hans-Dietrich Genscher vor dem Sportausschuß des Deutschen Bundestages am 14. März 1973: „Förderung des Sports durch die Bundesregierung heißt, daß die Unabhängigkeit des Sports von politischer Einflußnahme oder Bevormundung gewahrt bleiben muß. Dieser Standpunkt hat das Verhältnis des Staates zum Sport im Bereich der Sportförderung in der Vergangenheit bestimmt. Daran wird sich auch für die Zukunft nichts ändern.“[1]
Solche Töne gebrauchte der Innenminister auch ausgerechnet zu einer Stunde, da die Verquickung von Staat und Sport in der Bundesrepublik für die Öffentlichkeit weithin sichtbar gemacht wurde: Auf der Gründungsversammlung der „Deutschen Sportkonferenz“, einer Runde, die aus je 32 Vertretern der Sportorganisationen und der Politik gebildet wird. „Der Bundesinnenminister verscheuchte in der Eröffnungsrede das Gespenst der Gängelung des Sports durch staatliche Institutionen. Der Sport sei Partner und nicht Befehlsempfänger, er dürfe ‚keine Frage der Macht und Tagespolitik‘ sein“, berichtete die Rheinische Post nach der Konstituierung.[2]
In einer Stellungnahme erklärte die Deutsche Kommunistische Partei zur Gründung der „Deutschen Sportkonferenz“: „Dieses Gremium, in dem maßgebliche Vertreter jener politischen und

1 Bericht von Bundesinnenminister Hans-Dietrich Genscher vor dem Sportausschuß des Deutschen Bundestages am 14. 3. 1973.
2 Rheinische Post, Düsseldorf, 23. 10. 1973.

gesellschaftlichen Kräfte sitzen, die wesentlich an der katastrophalen Stellung des Schul- und Breitensports in der BRD verantwortlich sind, ist der Versuch, der breiten Öffentlicheit Harmonie und Interesseneintracht vorzutäuschen, wo in Wirklichkeit Bevormundung der Sportbewegung durch Großkapital und Parteien beabsichtigt ist. Diese Sportkonferenz stellt die ‚Konzertierte Aktion‘ auf dem Gebiet des Sports und der Leibeserziehung dar ... Schon die Tatsache, daß die Sportvereine und die breite Öffentlichkeit bei der Diskussion um die Zusammensetzung, über die Rolle und Aufgaben der ‚Sportkonferenz‘ ausgeschaltet waren, bestätigt die Auffassung von Sportlern, daß hier ein undemokratisches Instrumentarium zur schnelleren Unterordnung der Sportbewegung unter die Belange der herrschenden Kreise zusammengestellt wurde. An dieser Absicht ließ die Bundesregierung keinen Zweifel, als sie erklärte, daß die finanziellen Zuwendungen an die zentralen Sportorganisationen in Zukunft nur dann erfolgen, wenn ‚ihre sportlichen und organisatorischen Maßnahmen‘ im ‚Bundesinteresse liegen‘."[3]

Die Absicht, die „Deutsche Sportkonferenz" als ein Instrument zu gebrauchen, um „der Öffentlichkeit Harmonie und Interesseneintracht vorzutäuschen", ließ sich nicht verwirklichen. Schon bald merkten auch die bis dahin noch gutgläubigen Sportfunktionäre, wie wenig sie durch eine Teilnahme an dieser Konferenz an der tatsächlichen Sportpolitik mitgestalten konnten. Die Konferenz konnte ihr anfängliches Ziel, zweimal im Jahr zu tagen, nicht verwirklichen, und auch an den wenigen Zusammenkünften nahmen immer weniger Vertreter des Sports teil. So sah sich der Vorsitzende des Bundestags-Sportausschusses, Dr. Hans Evers, dazu berufen, auf der Sitzung am 22. Juni 1973 ein paar deutliche Worte zu sagen: „Nicht nur die Mitglieder der DSK sind zahlenmäßig nicht stark vertreten, ich glaube, auch die Resonanz unserer Tagung in der deutschen Öffentlichkeit, in der Presse ist nicht allzu groß. Wenn man sich allerdings die Tagesordnung unserer heutigen Sitzung ansieht, dann muß man sagen, diese Tagesordnung vermag tatsächlich nicht das Interesse der Öffent-

3 Presseerklärung des Parteivorstandes der DKP, Düsseldorf, 22. 10. 1973.

lichkeit zu finden."[4] Und dann stellt er, um seine kaum verhüllten Drohungen besser anbringen zu können, die Tatsachen auf den Kopf: „Aus den Arbeiten der DSK in den Monaten ihres Bestehens konnte man gelegentlich den Eindruck gewinnen, daß die Deutsche Sportkonferenz in gewisser Weise eine Einrichtung sei, die den Forderungen des... Deutschen Sportbundes gegenüber der öffentlichen Hand mehr Nachdruck verleihen solle und daß dies ihr primärer Handlungszweck sei. Ich glaube, es ist eine Aufgabe von uns allen, diesen Eindruck auf das entschiedenste vom Tisch zu bringen. Es wäre zweifellos dem Gedanken der Deutschen Sportkonferenz nicht zuträglich, wenn in der Öffentlichkeit der Eindruck entstünde, diese Institution sei ein Erfüllungsgehilfe des Deutschen Sportbundes."[5]
Und Dr. Evers fährt fort: „Ich meine, die Deutsche Sportkonferenz, wenn sie leben soll, lebt von der Wechselbeziehung zwischen Sport und Politik. Politik, einschließlich des Staates verstanden. Wenn dies richtig ist, dann lebt die Sportkonferenz von der Wechselwirkung, von der Möglichkeit, daß in diesem Gremium der Staat und die Politik auch ihrerseits auf den Sport einwirken, ohne daß bei jeder derartigen Bemühung sofort befürchtet werden muß, daß dadurch die Freiheit des Sports in Gefahr geraten könne."[6]
Kein Wunder, daß nur wenige Sportführer ein Interesse daran haben, sich die Zeit in der Sportkonferenz um die Ohren zu schlagen. Zumal die Entscheidungen ja doch hinter verschlossenen Türen fallen. Denn an einem richtungsweisenden Vorgang haben zum Beispiel die Sportführer absolut keine Mitwirkungsmöglichkeit: Der Sportetat des Bundes wird ausschließlich von den Politikern zusammengerechnet und aufgeteilt.
Hier liegt auch schon die Hauptrichtung bundesdeutscher Sportpolitik fest: Aufrüstung des Leistungssports, Vernachlässigung des Breitensports. Denn seit 1970 hat sich die Bundesregierung von der Förderung des Breitensports zurückgezogen.

---

4 Nach: Sport-Informations-Dienst, Düsseldorf, 9. 8. 1973.
5 Ebenda.
6 Ebenda.

Im Jahre 1961 wurde von der Deutschen Olympischen Gesellschaft ein sogenannter „Goldener Plan“ erstellt, in dem der Bedarf an Sportanlagen für den Breitensport in der Bundesrepublik festgehalten und der Weg aufgezeichnet wurde, wie man diesem Mangel abhelfen könne. Bund, Länder und Gemeinden verpflichteten sich, bestimmte Anteile an der Finanzierung zu übernehmen — aber in der Folge erwies sich, daß der Bund nicht ein einziges Mal den jährlichen Anteil von etwa 140 Millionen DM erreichte. Schon in den ersten sieben Jahren der Laufzeit des Goldenen Plans entstand für den Bund ein Defizit von 400 Millionen DM. Die höchste Summe wurde 1967 aufgebracht, als der Bund 30,7 Millionen DM für Leistungen im Rahmen des Goldenen Plans zur Verfügung stellte. 1970 sank diese Summe auf ganze 8,4 Millionen, 1972 wurden als „Auslaufmaßnahmen“ noch 5,5 Millionen DM bezahlt.[7]

1973 wurden insgesamt ganze 210 Millionen DM für den Sport im Etat des Bundes veranschlagt (zum Vergleich: der Gesamthaushalt belief sich auf 120,4 Milliarden DM). Im Pressedienst der SPD kommentierte der Bundestagsabgeordnete Lothar Wrede diesen Sportetat: „Mit der Vorlage des Bundeshaushalts 1973 und den darin vorgesehenen Sportförderungsmitteln ... wurde verdeutlicht, daß auch die Aussagen der SPD zur Sportpolitik nunmehr in sinnvolle Finanz- und Sachprogramme umgesetzt werden.“[8]

Wrede verweist in diesem Zusammenhang auf ein Zitat von Bundeskanzler Willy Brandt, das sich zur Grundlage einer Überprüfung des Sportetats eignet: „Schwerpunkte sehe ich vor allem in der stetigen Verbesserung des Schul- und Hochschulsports, dem Bau weiterer Spiel-, Sport- und Freizeitanlagen für alle Altersgruppen unserer Bevölkerung, wobei wir besonders an unsere Mitbürger denken müssen, die der Rehabilitation und der Resozialisierung bedürfen. Eine wichtige Aufgabe ist es auch, daß wir für den Schul-, Vereins- und

---

7 Bundestags-Drucksache 7/515, 7. 5. 1973.
8 Informationen der Sozialdemokratischen Fraktion im Deutschen Bundestag, Bonn, 27. 3. 1973.

Leistungssport über eine ausreichende Zahl von Sportpädagogen, Trainern und Übungsleitern verfügen."[9]
Erstes Ziel der Bundesregierung ist nach dieser Aussage also die Verbesserung des Schul- und Hochschulsports. Was ist dafür vorgesehen? Das Bundesministerium für Bildung und Wissenschaft stellt unter dem Titel „Beteiligung des Bundes am Hochschulstättenbau und Förderung von Modellmaßnahmen im Schulsport" 31 Millionen DM bereit. Von direkter Hilfe für den Schulsport kann da wohl keine Rede sein, zumal man annehmen kann, daß sich hinter der Bezeichnung „Modellmaßnahmen im Schulsport" die Einrichtung von Sportgymnasien verbirgt, die letztlich die Aufgabe haben, Nachwuchs für den Spitzensport heranzuzüchten.
Zweite Aufgabe ist nach Bundeskanzler Brandt der „Bau weiterer Spiel-, Sport- und Freizeitanlagen aller Altersgruppen unserer Bevölkerung". Auch davon ist nicht viel zu entdecken. Die einzigen Posten, die mit diesem Gebiet in Verbindung gebracht werden können, sind die 32,5 Millionen DM, die das Innenministerium für den Bau von „Bundesleistungszentren sowie Sportstätten im Zonenrandgebiet und Westberlin" bereitstellt, und die zwölf Millionen DM, die das „Bundesministerium für innerdeutsche Beziehungen" ebenfalls für die „Förderung des Sportstättenbaus im Zonenrandgebiet" aufbringt. Haben nur die Menschen, die im Grenzgebiet zur DDR wohnen, ein Anrecht auf sportliche Betätigung?
Drittes Problem — die Förderung des Versehrtensports. Dafür werden vom Arbeits- und Sozialministerium 6,151 Millionen DM aufgeboten.
Ein Posten, der dazu beitragen könnte, „eine ausreichende Zahl von Sportpädagogen, Trainern und Übungsleitern" heranzubilden, fehlt völlig, wenn man nicht in diesem Zusammenhang auf die fast 24 Millionen DM hinweist, die der Deutsche Sportbund, das Nationale Olympische Komitee und die Bundesfachverbände erhalten, und von denen der größte Teil für Verwaltungskosten draufgehen dürfte. (Eine Anmerkung am Rande: Denselben Betrag zahlen nach Angaben des DSB im Jahr die Vereine an Steuern an den Staat, ein interessanter Kreislauf.)

---

9 Ebenda.

Dem Breitensport indirekt zugute kommen schließlich auch noch die 6,86 Millionen DM, die die Deutsche Sportjugend für „sportliche Jugendbildung und internationale Begegnungen" erhält, sowie die 540 000 DM für die Bundesjugendspiele.
Die bisher aufgezählten Posten ergeben zusammen eine Summe von knapp 113 Millionen DM — wenig mehr als die Hälfte der insgesamt genannten 210 Millionen. Und von diesen 113 Millionen geht auch noch der nicht genau genannte Betrag für die Bundesleistungszentren — also für den Spitzensport — ab!

In Wirklichkeit lag auch 1973 das Hauptgewicht auf dem Leistungssport. So werden zum Beispiel neben den Mitteln für die Bundesleistungszentren noch bewilligt: 5,3 Millionen DM für das „Bundesinistutut für Sportwissenschaft" und 20 Millionen DM für den Ausbau der Stadien zur Fußball-Weltmeisterschaft 1974.

Hinzu kommen noch fast eine Million DM für den Bundesgrenzschutz und — als größter Posten überhaupt — rund 57 Millionen DM für die „Sportförderung in der Bundeswehr", womit überwiegend ebenfalls Leistungszentren für den Spitzensport gebaut werden.

Versprechungen der Parteien

Ganz im Gegensatz zu der Wirklichkeit der Sportförderung aller Bundesregierungen seit 1949 stehen die sogenannten „Sportprogramme" der bürgerlichen Parteien. Da werden schon seit Jahren fast gleichlautend vernünftige Forderungen erhoben — aber an die Realisierung denkt offensichtlich niemand.

Die „Vereinigung der Diplom-Sportlehrer e. V.", ein konservativer Zusammenschluß, analysierte in einer Broschüre die Versprechungen der bürgerlichen Parteien und fand folgende gemeinsame Forderungen:[10]

---

10 Stiefkind Leibeserziehung, Hrsg. Vereinigung der Diplom-Sportlehrer an den Höheren Schulen e. V., Gelsenkirchen.

Sport an Universitäten und Hochschulen:

— Ranggleichheit der Leibeserziehung mit den anderen Lehrgebieten der Erziehungswissenschaft in den Studien-, Prüfungs-, Promotions- und Habilitierungsordnungen.
— Ausbau und klare Gliederung der Institute für Leibesübungen zu funktionsfähigen Lehr- und Forschungsstätten; Einrichtung von Lehrstühlen für die Bereiche der Leibeserziehung und der Sportmedizin.
— Reform der Sportlehrerausbildung auf wissenschaftlicher Grundlage für die Lehrämter an Schulen unter Berücksichtigung der engen Verbundenheit von Praxis und wissenschaftlicher Forschung mit dem Ziel der Gewinnung wissenschaftlich ausgebildeter und qualifizierter Sport-Fachlehrer.
— Erweiterung der Dokumentationsstelle an der Deutschen Sporthochschule in Köln.

Leibeserziehung an den Schulen:
— Erhöhung der Stundenzahl in der Leibeserziehung,
  a) Nahziel: durchschnittlich vier Stunden,
  b) Fernziel: tägliche Sportstunde.
— Differenzierung des Unterrichts in der Leibeserziehung durch:
  a) Übernahme modernster Unterrichtsmethoden, Übungs- und Trainingserkenntnisse,
  b) Intensivierung des Unterrichts im Sinne einer systematischen Leibeserziehung vom ersten Grundschuljahr an,
  c) Einrichtung von Neigungsgruppen, Sportzügen und Sportgymnasien-Sportinternaten.
— Fachliche Unterrichtsführung in der Leibeserziehung durch:
  a) wissenschaftlich ausgebildete Leibeserzieher (Fachlehrer),
  b) spezielle Leibeserzieher ohne ein anderes Unterrichtsfach als gleichberechtigte Lehrkräfte,
  c) Fortbildungslehrgänge für Leibeserzieher.
— Einführung und Durchführung der Leibeserziehung als Pflichtunterricht an Berufs- und berufsbildenden Schulen.
— Vordringlicher Ausbau der Schulsportanlagen.

Wie gesagt, in der Summe vernünftige Vorschläge, die von

den Sportinteressierten in der Bundesrepublik unterstützt werden können.
Den Grund für solche Sportforderungen der bürgerlichen Parteien nennt der Vorsitzende des DKP-Sportarbeitskreises, Heinz Laufer: „Den Sportlern und Sportanhängern in der Bundesrepublik blieben die Versuche, Olympiasieger mit Millionenaufwand zu züchten, nicht verborgen, zumal sich die reaktionäre Sportführung dieser Bemühungen ständig selbst rühmte. Es blieb aber auch nicht verborgen, daß für den Schul- und Vereinssport nur wenig Geld ausgegeben wird, daß hier qualifizierte Trainer und Übungsleiter fehlen und daß die Kommunen wenig Geld für Sportanlagen, die dem Breitensport dienen, zur Verfügung haben. Es war daher klar, daß sich die Parteien, die diese Misere herbeigeführt haben, dieses Themas stärker annehmen würden.“[11]
Als wichtigste Aufgabe nannte Heinz Laufer die Millionen Sporttreibenden über die wahren Ziele der Herrschenden in der Bundesrepublik aufzuklären: „Es muß klar sein, daß die Bundestagsparteien bis heute immer nur eines bewiesen haben: daß für sie der Sport nur ein Mittel dazu ist, den monopolkapitalistischen Staat durch internationale Erfolge nach außen als Bestandteil einer heilen Welt darzustellen, und im Innern dafür zu sorgen, daß sich die Massen vorwiegend als Zuschauer mit dem Sport beschäftigen, zumal man bei dieser Orientierung nicht nur Geld sparen kann für Einrichtungen, die dem Massensport dienen, sondern sogar noch Geld einnimmt.“[12]
Die Versprechungen der bürgerlichen Parteien werden im großen und ganzen wertlos bleiben, denn: „Die Parteien vermeiden jede Konfrontation mit dem Großkapital, obwohl gerade die Macht des Großkapitals, die Macht der großen Monopole, einer positiven Entwicklung des Sports bei uns genauso im Wege steht wie den anderen sozialpolitischen Forderungen der arbeitenden Bevölkerung. So bleiben die Versprechungen der bürgerlichen Parteien eben nur Versprechungen, die die Masse der Sporttreibenden täuschen sollen.“[13]

11 Unsere Zeit, Düsseldorf, Nr. 10/1973.
12 Ebenda.
13 Ebenda.

4. Schul- und Breitensport

Vom Kindergarten zum Sportverein

Alljährlich treffen sich die Größen dieser Gesellschaft — also diejenigen, die das Geld besitzen —, zu einem geselligen Zusammensein. Natürlich zu einem wohltätigen Zweck: Denn der „Ball des Sports" wurde zur Unterstützung der Deutschen Sporthilfe erfunden. 1973 allerdings fühlten sich die „zweitausend Gäste, die alles in allem weit über eine halbe Million Mark in die Kassen des Sozialwerks des Sports fließen ließen"[1] geschockt. Denn in dem „artig überreichten Ball-Almanach"[2] stand auf Seite 52 eine Anzeige (!) des Deutschen Gewerkschafts-Bundes. Darin befand der DGB-Vorsitzende Heinz Oskar Vetter: „Wenn es uns mehr als zwei Milliarden DM wert war, die Olympischen Spiele bei uns stattfinden zu lassen, dann können wir nicht länger zulassen, daß in erster Linie nur eine kleine Elite von Spitzensportlern gefördert wird." Vetter meinte weiter, dann könne man es auch nicht zulassen, daß es allerorten an Turnhallen, Spielplätzen und Schwimmbädern fehlt, und daß der Sport ein Schulfach letzten Ranges ist. Diese Proportionen stimmten nicht, wenn man bedenke, wie oft die sportlichen Interessen der Bevölkerung wirtschaftlichen Interessen weichen müßten.[3]

Der Text der DGB-Anzeige war fast identisch mit den Ausführungen, die Vetter einige Monate zuvor — wie damals auch von der FAZ gemeldet — auf der Jahrestagung der Arbeitsgemeinschaft Deutscher Sportämter gehalten hatte. Aber erst die Anzeige im „Ball-Almanach" hatte den gewünschten Erfolg der Publizität. Sie erreichte genau diejenigen, die angesprochen werden sollten.

Und so meinte FAZ-Sportchef Karl-Heinz Vogel, ein persönlicher Freund von Josef Neckermann und dementsprechend von der „Freude und Frische" des Ball-Abends angetan: „Den

1 Frankfurter Allgemeine Zeitung, 6. 2. 1973.
2 Ebenda.
3 DGB-Nachrichten-Dienst, 2. 11. 1972.

Knüppel aus dem Sack holte der Deutsche Gewerkschaftsbund ... Gedroschen wurde auf den Leistungssport." Und obwohl Innenminister Genscher und Josef Neckermann in Vogels Artikel als Ehrenretter des Leistungsprinzips angeführt wurden, kam der Verfasser zu dem bitteren Schluß: „Aber der Sport spürt nun doch den Gewerkschaftsdolch der Egalisierung im Rücken."[4]

Wer sich so angegriffen fühlt, der ist offensichtlich an einer empfindlichen Stelle getroffen worden.

Daß die Leute, für die Karl-Heinz Vogel und die großbürgerliche Frankfurter Allgemeine Zeitung schreiben, sich zu Recht angegriffen fühlen, zeigt die Situation im Schul- und Breitensport in unserem Land.

Der erste Kontakt mit dem aktiven Sporttreiben findet für den Menschen in unserer Gesellschaft meist in der Schule statt. Wer dies für normal hält, sollte bedenken, daß in der Bundesrepublik heute jedes zweite Kind mit chronisch-krankhaften Störungen in die Schule eintritt.[5]

Das bedeutet: Sport müßte eigentlich schon im Vorschulalter getrieben werden. Doch davon kann keine Rede sein: Abgesehen davon, daß ohnehin nur für jedes dritte Kind ein Platz in einem Kindergarten zur Verfügung steht, wird dort auch kein Sport betrieben. Kann gar nicht betrieben werden — denn die in Kindergärten tätigen Pädagogen wurden auf diesem Gebiet auch nicht ausgebildet.

Doch wer meint, das im Vorschulalter Versäumte werde nun in der Schule aufgeholt, irrt wieder. „Selbst wenn die eine oder andere Zeitungsschlagzeile in den letzten Wochen den Eindruck des Gegenteils vermittelt haben sollte: Es gibt sie immer noch, die Schulsport-Misere"[6], schreibt 1973 die Olympische Jugend, die Zeitschrift der Deutschen Sportjugend. Obwohl schon seit langem alle bürgerlichen Parteien die tägliche Sportstunde für jede Schule fordern, sehen die Fakten ganz anders aus: 55,5 Prozent aller Gymnasien bieten zwei Wochenstunden Schulsport, 36,5 Prozent drei und ganze 4,6 Prozent vier Stunden. Noch weitaus schlimmer sieht es an

4 Frankfurter Allgemeine Zeitung, 6. 2. 1973.
5 Nach: Unsere Zeit, Düsseldorf, 20. 12. 1973.
6 Olympische Jugend, Frankfurt, Nr. 6/1973.

den Grundschulen aus: Dort werden in nur 7,9 Prozent der Schulen drei Wochenstunden Sport gegeben, in 58,7 Prozent gibt es zwei Stunden — und über den Rest schweigt sich die Statistik aus.[7] „Dieser unzureichende Unterricht wird zumeist in Doppelstunden und durch Lehrer ohne spezifische Ausbildung für diese Schulform erteilt, so daß Motivationen für lebenslange Sportausübung kaum aufkommen können."[8] Das gilt besonders für Sonderschulen: 65,8 Prozent der Lehrkräfte an Sonderschulen, die Sportunterricht erteilen, besitzen keine Sportausbildung.

Aber sogar diese Zahlen sind teilweise dadurch irreführend, daß hier auch die Schulsportstunden mitgezählt sind, in denen bis zu drei Klassen mit eventuell 100 Kindern in einer Turnhalle gemeinsam „Sport treiben".

Vordergründig um den Schulsport weiterzuentwickeln, letztlich aber wohl, um neue Talente für den Spitzensport zu entdecken, wurde der Wettbewerb „Jugend trainiert für Olympia" ins Leben gerufen. Es besteht kein Zweifel, daß hier an eine Kopie der in der DDR mit so viel Erfolg ausgetragenen Spartakiaden gedacht war. Doch bewies sich auch an diesem Vorhaben wieder einmal, daß sozialistische Modelle nicht auf ein kapitalistisches System zu übertragen sind. In der Bundesrepublik sind die Voraussetzungen für eine breite Jugendsportbewegung einfach nicht gegeben: Hier gibt es kein „Grundrecht auf Sport", das in der Verfassung niedergelegt ist. In der BRD ist es eben nicht selbstverständlich, daß alle gesellschaftlichen Kräfte — in der Politik, den Gewerkschaften, den Jugendverbänden — ein Verantwortungsgefühl für den Kinder-, Jugend- und Massensport entwickeln. Alles dies aber hat in der DDR zusammengespielt, so daß schließlich eine Veranstaltung herauskam, an der im Jahr 1972 allein 3,2 Millionen Kinder und Jugendliche teilnahmen.

Solche Erfolge sind also für die Planer von „Jugend trainiert für Olympia" illusorisch. 1973 nahmen an den Wettbewerben insgesamt 300 000 Schüler teil. Beim Endkampf in Westberlin starteten 2168 Aktive. Die „Olympische Jugend" schreibt dazu: „Über goldenen Funktionärsworten und freundlichen Zeitungs-

---

7 Kölnische Rundschau, 13. 2. 1973.
8 Ebenda.

zeilen scheint manchmal in Vergessenheit zu geraten, daß es die Millionenschar der nur unzureichend oder überhaupt nicht betreuten, die haltungsschwachen, bewegungsgeschädigten und einfach nur untalentierten Schüler auch noch gibt."[9]

Haltungsschwache, bewegungsgeschädigte Jugendliche gibt es in noch weitaus größerer Zahl in den Jahrgängen, die die Grund- und Hauptschule hinter sich haben und nicht das Gymnasium weiterbesuchen können (also vor allem bei Arbeiterkindern). Diese Jugendlichen verlieren meist jeden Kontakt zum aktiven Sport, denn in den Berufsschulen steht die Leibeserziehung plötzlich nicht mehr auf dem Stundenplan.

Wer also durch das ohnehin geringe Angebot an sportlicher Betätigung in Grund- und Hauptschule genügend motiviert wurde, auch weiterhin Sport zu treiben, braucht zunächst einmal Eigeninitiative. Diese wird ihn dann möglicherweise dazu bringen, sich einem der Vereine des Deutschen Sportbundes anzuschließen.

Doch auch hier wird er schnell mit den Realitäten der Sportförderung in der Bundesrepublik Bekanntschaft machen. Es werden selten offizielle Statistiken veröffentlicht, die den Sporstätten-Notstand deutlich machen. Doch diejenigen, die dann publik werden, sind deutlich genug. So hieß es z. B. in einer amtlichen Mitteilung des Württembergischen Landessportbundes (WLSB) aus dem September 1971: „Für den Vereinssportstättenbau besteht im Augenblick Antragssperre. Diese wird voraussichtlich noch vier Jahre bestehen bleiben müssen, da noch rund 800 Vereinsanträge mit zusammen 17,1 Millionen DM Antragssumme abgewickelt werden müssen."[10]

Gleichzeitig werden in dieser Mitteilung die Vereine aufgefordert, „zur Zeit jegliche Bauvorhaben" einzuschränken, da die Baupreise weiter steigen und „eine nachträgliche Finanzierung nach Aufhebung der Antragssperre im Vereinssportstättenbau nicht sichergestellt" ist.[11]

Schon zuvor hatte WLSB-Geschäftsführer Günter Grob darauf hingewiesen: „1969 gingen nach der letzten Ausschreibung zur Einreichung von Anträgen auf Gewährung eines Staatsbeitra-

---

9 Olympische Jugend, Nr. 6/1973.
10 „Der Sport", amtliches Organ des WLSB, Nr. 38/1971.
11 Ebenda.

ges für den Vereinssportstättenbau etwa 1300 Vereinsanträge mit einem Gesamtkostenaufwand von 86 Millionen DM bei Landeszuschüssen in Höhe von 28 Millionen DM ein. Bis 1971 standen hierfür jährlich 3,2 Millionen DM Zuschüsse zur Verfügung, zusammen also 10,5 Millionen DM Landeszuschüsse. Damit konnten etwa 500 Vereinsanträge befriedigt werden. Unerledigt, weil auch der Landeszuschuß für 1971 schon ausgegeben wurde, sind also noch immer 800 Vereinsanträge mit einem Zuschußbedarf von 17,5 Millionen DM."[12] So sah es nicht nur 1971 in Württemberg aus, sondern so sieht es heute noch in allen Regionalgebieten der Bundesrepublik aus. Dennoch ist nicht das eingetreten, was der 1. Vorsitzende des Württembergischen Landessportbundes, Hans Gmelin, 1971 angesichts der Sportstätten-Misere forderte: „Wenn der Staat, das Land künftig nicht mehr für den Sport in seiner Gesamtheit tut, mehr hilft als bisher, dann muß der Sport eben auf die Straße gehen, vor dem Landtag protestieren und dort seine Forderungen lautstark vertreten!"[13]

Nur in den seltensten Fällen kam es zu solchen Demonstrationen. Oft verfing der von offizieller Seite angebotene Trick, die Bürger zur Selbsthilfe aufzufordern. Ein Beispiel hierfür schildert der folgende Bericht:

„Im Schatten der Olympischen Spiele erhoffte sich mancher bayerische Sport- und Turnverein einen kleinen Zuschuß für eine Sporthalle, Schwimmanlage oder Fußballplatz. So auch die Stadtväter von Velden an der Pegnitz, einem herrlich gelegenen Luftkurort. Beim Hoffen ist es schon seit fünf Jahren geblieben, denn seit dieser Zeit steht dort eine Schwimmhalle ungenutzt. Der Rohbau ist fertig; die Einrichtung fehlt noch — und das Geld dafür: 250 000 DM. Seit fünf Jahren wartet, bittet, bettelt und kämpft man um diese Viertelmillion, damit Schüler, Sportler, Bürger und Urlauber diese kleine Halle benutzen können. Der Verfall droht, wenn sich nicht bald etwas tut. Man schweigt in Ansbach und München — man hat eben kein Geld für den Breitensport. Die Veldener Bürger griffen zur Selbsthilfe und gründeten einen Badbau-Förderungsverein. Aber auch der Verein konnte nicht viel erreichen. In der Kasse

---

12 Nach: Unsere Zeit, Düsseldorf, Nr. 44/1971.
13 „Der Sport", Nr. 38/1971.

sind ganze 5082,82 DM; größtenteils Mitgliedsbeiträge. An Spenden kamen 1972 ganze 162,50 DM ein. In der Gemeindekasse ist kein Geld, und vom CSU-regierten Landkreis, von der Bezirksregierung, sowie von der Münchner CSU-Landtagsmehrheit ist nicht viel zu erwarten.“[14]

Paul Breitner, Fußball-Nationalspieler vom Profiklub FC Bayern München, meint zu solchen Erscheinungen: „Ich persönlich würde wohl kaum Sport treiben, wenn ich nicht Spitzensportler wäre. Die ganze Sache würde mich abschrecken. Ich müßte mir sagen: Bei uns wird nur Wert auf die Spitze gelegt. Und wenn ich dann sehe, daß es in manchen Orten nicht einmal einen zeitgerechten Sportplatz gibt, dann muß man sagen, daß das große Mißstände sind.“[15]

Besonders von dem Sportstättenmangel betroffen sind natürlich vor allem die kleinen Vereine. Und diese stellen den größten Anteil an den 40 000 dem DSB angeschlossenen Klubs. Wenn man davon ausgeht, daß der Sportverein nicht nur als Dienstleistungsbetrieb zu verstehen ist („Ich biete dir die Möglichkeit Sport zu treiben, du bezahlst dafür Beitrag“), sondern auch als eine Stätte der menschlichen Begegnung, so erfüllt aber gerade der kleine Verein diese Funktion. Denn in einem Großverein, mit oft Tausenden von Mitgliedern, fühlt der einzelne dieselbe Vermassung, der er auch z. B. im Berufsalltag ausgesetzt ist. Außerdem gibt es heute schon viele Großvereine, die ihre Hauptaufgabe darin sehen, Sportplätze zu verwalten und von dem Besucher dieser Anlagen Geld für die Benutzung zu kassieren.

Doch je mehr Vereine es gibt, desto schwieriger wird es für die Sportführung, die Kontrolle über den 11-Millionen-Mitglieder-Verband DSB zu behalten. Und so ist seit einiger Zeit die offen verkündete Bestrebung im Gang, immer mehr Großvereine entstehen zu lassen. Man bedient sich dabei, wie ein Beispiel aus Regensburg zeigt, auch der staatlichen Institutionen: „In Regensburg gibt es insgesamt 54 Sportvereine. Fünf davon haben zwischen 11 und 50 Mitglieder, 51 bis 100 Mitglieder haben neun Vereine. Die stärkste Gruppe, nämlich

---

14 Unsere Zeit, Nr. 12/1973.
15 Nach: Unsere Zeit, Nr. 34/1972.

27 Vereine, zählt jeweils 101 bis 500 Mitglieder. Bis 1000 haben vier und über 1000 Mitglieder haben neun Vereine.

Nach den neuen Richtlinien der Stadt können städtische Förderungsmittel nur solche Vereine erhalten, die mehr als 50 Mitglieder, darunter mindestens 20 Prozent Jugendliche zählen... Aber die ‚Gesundschrumpfung' geht ja jetzt schon in den höheren Stufen nach der Art kapitalistischer Betriebszusammenschlüsse vor sich. Die beiden Regensburger Traditionsvereine ‚Regensburger Turnerschaft' mit 2200 Mitgliedern und ‚SSV Jahn' mit 1850 Mitgliedern wollen ‚fusionieren'. Der DSB spricht in seiner Analyse davon, daß nur noch Großvereine mit 3000 bis 4000 Mitgliedern ein Sportprogramm bieten könnten, das seinen Namen verdienen würde. Natürlich müßten sie einen hauptamtlichen Geschäftsführer haben."[16]

Besonders die letzte Feststellung drängt natürlich sofort die Frage auf, die der Regensburger DKP-Kreisvorsitzende Walter Zauner in der UZ, Zeitung der DKP, stellte: „Ich habe begründete Sorge, daß auf diesem Wege der Sport mit den Zielsetzungen des herrschenden Großkapitals gleichgeschaltet wird. Die Vorstände der Großen sind doch jetzt schon mit Vertretern des Großkapitals und mit Staatssekretären oder ähnlichen Ministerialbürokraten durchsetzt. Ist die Analyse des DSB und die Zielstellung auf Großvereine mit über 3000 Mitgliedern nicht parallel zu sehen mit der Zentralisierung der Staatsverwaltung, zum Beispiel der Gebietsreform zu Großkreisen in Bayern?"[17]

Zu diesem Thema führte der Vorsitzende des „Arbeitskreises Sportpolitik beim Parteivorstand der DKP", Heinz Laufer, auf einer Sitzung des Gremiums im Februar 1973 aus: „Die herrschenden Kreise in der Sportbewegung der BRD sehen in der ganzen Sportbewegung eine Kraft, die es in das staatsmonopolistische System zu integrieren gilt. Deshalb tragen sie — und vor allen Dingen die dem Monopolkapital verpflichteten Parteien — dem Bedürfnis nach Sportmöglichkeiten breiter Teile der Bevölkerung scheinbar Rechnung und stellen entsprechende Programme oder Forderungskataloge auf.

16 Unsere Zeit, Nr. 21/1973.
17 Ebenda.

Mit an erster Stelle steht die Forderung nach in ihrem Sinne qualifizierten Führungsgremien in den Vereinen und Verbänden. Das heißt, die Forderung nach hauptamtlichen Geschäftsführern, da — wie sie sagen — ehrenamtliche Vereinsvorsitzende oder Vorstände überfordert seien.
Die angebotenen Geschäftsführer sind im Grunde sorgfältig ausgebildete politische Kader der Bourgeoisie, die dann die Vereine zu verwalten, das heißt auch zu führen, haben. Gleichzeitig wird der Mangel an Sportanlagen und der Mangel an finanziellen Mitteln in den Vereinen zum Anlaß genommen, den Vereinen den Zusammenschluß mit anderen Vereinen zu empfehlen. Natürlich wird dabei auch mit dem dann finanziell leichter zu verkraftenden hauptamtlichen Geschäftsführer genauso geworben, wie mit den zur Verfügung stehenden Trainern.
Verschwiegen wird, daß dadurch nicht mehr Trainer als bisher da sind und auch nicht mehr Sportanlagen, gemessen an der Zahl der Aktiven. Dazu kommt, daß weder vom Bund, Land oder Gemeinde mehr Geld geboten wird für die Sportförderung. Das Geld, das bisher in Form von Zuschüssen gewährt wurde, bekommt dann eben ein Verein, während es vorher auf mehrere Vereine verteilt werden mußte.
Daran ändert auch die Tatsache nichts, daß kurzzeitig Prämien für Vereinszusammenschlüsse gewährt werden, zumal in der Regel ein Zuschuß von der Kommune oder vom Land an einen Verein von einer bestimmten Beitragshöhe für das einzelne Mitglied abhängig gemacht wird.
Es ist klar, daß eine Förderung des Breitensports mit solchen Maßnahmen nicht erreicht werden kann."[18]

Die Trimm-Aktion

Obwohl es schon für den Vereinssport zu wenig Sportanlagen gibt, rief der Deutsche Sportbund Ende der sechziger Jahre die Aktion „Trimm Dich" ins Leben. Durch massenhafte Werbung sollte jeder Bundesbürger dahingebracht werden, sich regelmäßig sportlich zu betätigen.

18 Ebenda.

Aber schon bald stellte sich heraus, daß diese Aktion mehr dem Profit einiger Firmen als der Gesundheit der bundesdeutschen Bevölkerung diente. Die „Trimm-Aktion" wurde von Großkonzernen finanziell unterstützt. Diese durften sich dafür öffentlich als „Wohltäter des Sports" preisen und sich ein sportfreundliches Image bei den Käufern zulegen. Noch eindeutiger als Geschäft der Industrie zeigt sich die „Trimm-Aktion" auf dem Gebiet der Sportartikel-Herstellung. Hunderte von „Trimm-Geräten" werden jährlich auf den Markt geworfen, von Plastikreifen zu ein paar Mark bis zu Hometrainern im Wert von mehreren hundert Mark. Und der Deutsche Sportbund hilft eifrig mit bei der Profitmaximierung (und profitiert selbst dann auch finanziell davon): In jedem Jahr werden mehrere „Trimm-Geräte des Jahres" auserwählt, die unter dieser Bezeichnung verkauft werden dürfen und dem Käufer suggerieren, hier habe er nun ein besonders günstiges Geschäft für seine Gesundheit getätigt.
Im Stern heißt es dazu im November 1973: „Bei der größten Sportartikel-Messe der Welt, der SPOGA in Köln, rieben sich im Oktober die Hersteller die Hände. Das Geschäft mit Trimmgeräten lief besser als je zuvor. Das Bedürfnis vieler Menschen nach Sport und Bewegung haben Industrie und Handel längst umgelenkt zu einem Bedürfnis nach immer neuen Sportgeräten. In naher Zukunft sieht Public-Relations-Mann Dr. Becker bei jedem Westdeutschen ein Sortiment von Sportgeräten, so selbstverständlich wie heutzutage Schach-, Monopoly- oder Kartenspiele ... Die Bundesrepublik ist neben den Vereinigten Staaten der größte Sportartikel-Hersteller der Welt. 495 Firmen erzielen mit einem umfangreichen Arsenal an schweißtreibenden Geräten einen jährlichen Umsatz von 3,4 Milliarden Mark. Längst hat der Expander, Urvater aller Trimm-dich-Erzeugnisse, von dem immer noch jährlich 150 000 bei uns verkauft werden, zahllose Konkurrenten bekommen. Allein 250 verschiedene Trimm-dich-Geräte sind zur Zeit auf dem Markt."[19] Nicht lange dauerte es auch, da wurde der Versuch unternommen, auch die Millionen „Trimm-dich-Sportler" (die ja sicherlich aus irgendwelchen Gründen nicht Mitglied eines Sportvereins geworden sind) in einen Klub zu locken. So wurde

19 Stern, Hamburg, Nr. 45/1973.

Anfang 1972 der „Trimm-Club" gegründet. „Schon die Namen der Gründungsmitglieder zeigen, woher der Wind weht: Aus der Presse sind unter anderen Willi Krämer und Werner Schneider vom ZDF, Karl-Heinz Vogel von der FAZ, Gerhard Pietsch von der Bildzeitung, Alfons Gerz vom Sport-Informations-Dienst (sid) und Willi Knecht vom RIAS Berlin vertreten. Das ist der Freundesklub, der ... die Wahl Dr. Kregels zum DSB-Präsidenten verhindern wollte — um den Einfluß des Josef Neckermann und des NRW-Sportbundvorsitzenden Willy Weyer zu vergrößern. Beteiligt an diesem ‚Club' sind ferner eine Großdruckerei, eine große Versicherung und der Verlag ‚pro Sport'. Statt Sportstättenbau für den Breitensport jetzt also finanzielle Ausbeutung und ideologische Beeinflussung der Teilnehmer an der ‚Trimm-dich-fit'-Aktion. Es paßt alles so schön ins System."[20]

Die Herren hatten sich aber offenbar verrechnet. Denn der „Trimm-Club" erreichte nie einen nennenswerten Bekanntheitsgrad und dürfte seine geplanten Mitgliederzahlen wohl nie erreicht haben.

Der Deutsche Sportbund selbst, der die Aktion ja schließlich so lautstark ins Leben gerufen hatte, kümmert sich im Konkreten sehr wenig um die Freizeitsportler. Die Frankfurter Rundschau meint dazu: „Der Deutsche Sportbund, Sachwalter beider Bereiche (Leistungs- und Breitensport, d. Verf.), sieht sich vor der schwierigen Situation, einerseits die leistungssportlichen Ziele nicht aus den Augen verlieren zu dürfen, auf der anderen Seite aber der Verpflichtung Rechnung tragen zu müssen, die Millionenschar von Bewegungshungrigen in seinem Aufgabenkatalog endlich richtig einzustufen. Daß dies noch nicht annähernd erreicht ist, läßt sich schon sehr vordergründiet verdeutlichen: Die Abteilung Leistungssport bemüht sich, mit 17 hauptamtlichen Kräften um einige 1000 Athleten, während für die unübersehbare Zahl der Gegenseite fünf Trimm-Propheten ihr Tagewerk verrichten."[21]

---

20 Unsere Zeit, Nr. 19/1972.
21 Frankfurter Rundschau, 12. 2. 1973.

5. Der Spitzensport

„Die Überlegenheit des ‚freiheitlichen Systems'"

Der Spitzensport in der Bundesrepublik ist der sportliche Zweig der Unterhaltungsindustrie. Ganze industrielle Branchen und Branchenzweige sind von ihm abhängig, müssen ihn fördern, um auf anderen Wegen wieder Geld aus ihm herauszuziehen.

Schon längst, nicht erst seit der Vorbereitungszeit der Olympischen Spiele von München 1972, hat sich in Industrieellenkreisen herumgesprochen, daß und wie sich der Spitzensport und seine Aktiven für die Durchsetzung von Profitinteressen einspannen lassen können. Als eines der vielen Beispiele mag der alpine Skisport herhalten — von den Sportlerinnen und Sportlern selbst schon lange „Skizirkus" genannt —, der einen der markantesten Auswüchse des Hochleistungssports verdeutlicht. Kaum einer der Aktiven, der nicht für mindestens eine Firma Reklame fährt. Der Skifabrikant Kneissl hatte schon vor Jahren erkannt, welche Chance sich ihm da bot.

Aber auch — und vor allem — politisch läßt sich der Spitzensport mißbrauchen. Schon die CDU/CSU-Regierungen, später die Regierungen von SPD und FDP, sahen hier vorrangig eine Möglichkeit, auch auf diesem Gebiet den Kampf um nationalistisches Prestige zu führen. Durch die nationale Entwicklung im Spitzensport ist dieser Aspekt allerdings etwas in den Hintergrund getreten. Als die BRD noch mehr Medaillen bei Welt- und Europameisterschaften als die DDR-Sportler erkämpfen konnten, wurde dies auf die Überlegenheit des kapitalistischen Systems zurückgeführt — eine äußerst raffinierte Taktik, wenn man bedenkt, welches Ansehen der Spitzensport in der Öffentlichkeit genießt. So feierte Willi Daume 1958 nach dem sensationellen Leichtathletiksieg der Bundesrepublik über die UdSSR in Augsburg diesen Erfolg als Beweis für die Überlegenheit des „freiheitlichen Systems" über den Sozialismus (wohlweislich tat er das im engsten Kreis, so daß dieser Ausspruch bisher auch wenig bekannt ist).

Wie wenig aber den Regierungen tatsächlich der Sport am Herzen lag, zeigt sich an der Förderung des Sports überhaupt, an der Entwicklung, die sowohl Breiten- wie Spitzensport in den letzten Jahrzehnten genommen haben. Hier ist auch die Ursache für die Stagnation des Spitzensports der BRD im internationalen Vergleich zu suchen.

Während in der DDR von Anfang an das Hauptaugenmerk auf die Entwicklung des Breitensports gelegt wurde und wird — wobei die herausragenden Talente natürlich gezielt gefördert werden —, entwickelte sich auch eine „breite Spitze" im Spitzensport, die international zur Zeit einmalig dasteht.

Aber auch jetzt noch nutzen die bundesdeutschen Sportideologen den sportlichen Vergleich mit der DDR und anderen sozialistischen Ländern für antikommunistische Hetze. Und wieder ist es die Überlegenheit des „freiheitlichen Systems" der BRD, die ins Feld geführt wird und niemand sollte sich täuschen lassen: auch diese Hetze fällt bei vielen Menschen auf fruchtbaren Boden. Denn jetzt werden die Bemühungen der DDR-Sportler um Rekorde und Höchstleistungen einzig mit dem Streben nach mehr „Freizügigkeit" erklärt, die dem DDR-Normalbürger vorenthalten bleiben müsse, weil eben das sozialistische Gesellschaftssystem nur durch Unfreiheit und Repression seine Macht behaupten könne. Folgerichtig wird die Stagnation des BRD-Leistungssports so erklärt, daß hier dieses wichtige Antriebsmoment fehle, weil mit Rekorden im „freiheitlichen Rechtsstaat" weder mehr Geld noch mehr Freizügigkeit und Prestige zu erringen sei. Trotzdem sind die Bemühungen der bundesdeutschen Sportführer beträchtlich, nun mit Gewalt im Spitzensport wieder den Anschluß an die internationale Entwicklung zu finden.

Die Sporthilfe

Als das Absinken des BRD-Hochleistungssports im internationalen Vergleich ab Mitte der sechziger Jahre immer offensichtlicher wurde, schuf man auf privater Basis die „Stiftung Deutsche Sporthilfe e. V.". Sie verkörpert die kapitalistische Auffassung von Sportförderung und weist in der Folge auch alle Begleiterscheinungen auf, die dem kapitalistischen Produktionsprozeß eigen sind. Auf Initiative des Dressurreiters und Versandhändlers Josef Neckermann und von Willi Daume wurde die „Sporthilfe“ zunächst als Medaillen-Vorbereitung für die Olympischen Spiele 1972 in München gegründet. Doch schon bald wurde klar — nicht erst Erkenntnis nach den Spielen von München —, daß hier ein dem gesellschaftlichen System entsprechendes Instrument der Sportförderung gefunden war, das beibehalten, ausgebaut und verfeinert werden müsse.

Ihrem Selbstverständnis nach sieht die „Sporthilfe“ ihre Aufgabe als eine gesellschaftliche Verpflichtung an, „Sportler und Sportlerinnen zum Ausgleich für ihre Inanspruchnahme durch die Gesellschaft und die nationale Repräsentation ideell und materiell zu fördern“. So heißt es in der Satzung. Tatsächlich erfahren die in Frage kommenden Sportler vielfältige Formen der Unterstützung, wie „Steakgelder“ (also Ernährungsbeihilfen), Reisekosten, Versicherungen, Trainer und Trainingsstätten etc. Dafür hat die „Sporthilfe“ bis Ende 1973 ungefähr 35 Millionen DM bereitgestellt. Hinzu kommen Leistungen, deren Wert nicht exakt ermittelt werden kann, wie Arbeitsplätze mit verkürzter Arbeitszeit bei vollem Lohnausgleich u. ä.

Die Höhe der Zuwendungen an die Sportler wird durch Leistungsnormen ermessen, wobei neben weiteren Abstufungen im Wesentlichen zwischen Spitzensportlern und „förderungswürdigen Talenten“ unterschieden wird.

Nachdem mit dieser Methode die Medaillenausbeute bei den Olympischen Spielen 1972 in München tatsächlich höher als je zuvor war, legt die „Sporthilfe“ nun ihr Hauptaugenmerk auf die Spiele 1976 in Montreal.

„Am Erfolgsdenken der Wirtschaft orientieren“

Von vornherein ging die „Stiftung Deutsche Sporthilfe“ von der Notwendigkeit einer straffen Planung und Organisation ihrer Förderungstätigkeit aus. Neckermann stellte einen Teil des Verwaltungsapparates seines Großversandhauses in den

Dienst der Sporthilfe und erklärte: „Das erwerbswirtschaftliche Prinzip als Grundsatz der Verwaltung ermöglicht ein Maximum an Leistung“.[1] Auch der ehemalige Präsident der „Deutschen Olympischen Gesellschaft“, Georg von Opel, hielt mit seiner Meinung, wie der Sport der BRD von nun an organisiert werden müsse, nicht hinter dem Berg: „Wir müssen endlich dynamische Persönlichkeiten in die Verbandsleitungen (der Sportverbände, d. Verf.) *einsetzen,* die sich in ihrem Denken und Handeln am Erfolgsdenken der Wirtschaft orientieren.“[2]

Eine gesellschaftliche Kontrolle der „Sporthilfe“-Maßnahmen war nie vorgesehen und Mitbestimmung der einzelnen Sportverbände ist von vornherein verhindert worden. Als die Einzelverbände des „Deutschen Sportbundes“ (DSB) stärkeres Mitspracherecht bei der Vergabe der Sporthilfe forderten, saß Neckermann wieder am längeren Hebel. Er setzte seine gesamten publizistischen Verbindungen ein, und schlug das Ansinnen der Sportfunktionäre ab. Mitbestimmung im Sport erscheint den Herren der Industrie genauso abwegig wie im Bereich der Produktion. Und wie sehr der BRD-Spitzensport nach den Grundsätzen der kapitalistischen Wirtschaft ausgerichtet ist, zeigt auch, daß der DSB seine Spitzenfunktionäre von der „Akademie der Führungskräfte“ und ähnlichen Instituten ausbilden läßt.[3] Das führte zu der Schlußfolgerung: „Der DSB hat feststellen können, daß eine sinnvolle Übertragung von Führungsfragen der Wirtschaft, Industrie und Verwaltung möglich ist, der Sport allerdings auf dem Wege der Anpassung der Organisation und Verhaltensweisen an die gesellschaftlichen Verhaltensweisen erst am Anfang steht.“[4]

In seiner Arbeit „Sporthilfe — eine gemeinnützige Einrichtung?“ stellt Franz Dwertmann fest: „Wenn die Führungskräfte ausgerechnet bei denen in die Schule gehen, die zwar ‚Kooperation‘ und ‚Kreativität‘ als Mittel der Profitsteigerung entdeckt haben, denen Demokratisierung aber ein Greuel ist,

1 Dwertmann: Sporthilfe — eine gemeinnützige Einrichtung? (Veröffentlicht in „Sport in der Klassengesellschaft“, S. 58)
2 Ebenda, Seite 59.
3 Ebenda, Seite 61.
4 Frankfurter Allgemeine Zeitung vom 22. 4. 1970.

wird deutlich, was von Daumes Statement zur Neuordnung des Leistungssports der BRD vor dem Innenausschuß des Bundestages zu halten ist: ‚Wir müssen die vermenschlichende, im Grunde wunderbare Mühsal der Demokratie auf uns nehmen, wir müssen überzeugen, auch in den eigenen Reihen.' Konkret: ‚Die 38 000 Vereine des DSB sind ein wichtiges Übungsfeld für unser demokratisches Staatswesen.'"[5]

Bis zum Zusammenbruch

Die Verteilung der Gelder an einen recht kleinen Kreis „förderungswürdiger" Sportler trieb, wie beabsichtigt, die *Konkurrenz* der Aktiven untereinander auf die Spitze. Gleichzeitig wurde so die *Solidarität* der Sportler untereinander verhindert. Der Druck von oben forderte seine Opfer.
Um ebenfalls in den Genuß dieser „Hilfe" zu kommen (oder sie sich weiterhin zu erhalten), trainierten sich nicht wenige Aktive in Erschöpfungsphasen hinein, die zu Zusammenbrüchen und Verletzungen führen. Eigens zur Ermittlung der Förderungskategorie werden Wettkämpfe veranstaltet.
Ein Jahr vor den Olympischen Spielen von München erlitt sogar ein Sportler im Zuge der erbarmungslosen Vorbereitung einen Herzinfarkt. Der Mainzer Ruderer Jörg Henn klappte beim Höhentraining auf dem Silvretta-Stausee plötzlich zusammen. Sein Kamerad Ulrich Teidelt mußte bei demselben Training mit Herzrhythmus-Störungen ins Krankenhaus eingeliefert werden. „Die Vorstellung, daß sich jemand zu Tode rudert, ‚um in der Sporthilfe zu bleiben', scheint ziemlich abwegig. Dennoch ist dies nun keine reine Fiktion mehr ...", schrieb die Deutsche Presseagentur.[6]
Besonders gefährlich scheint dieser Leistungsdruck für die Kunstturnerinnen zu sein. Die 13- bis 20jährigen Mädchen nehmen auch Verletzungen in Kauf, um ja nicht ihre Zuwendungen zu verlieren, die eben ein kontinuierliches Training ermöglichen. In ihrem Bundesleistungszentrum in Frankfurt für die Olympischen Spiele von München fitgemacht — bald

5 Dwertmann, s. o., Seite 61.
6 Deutsche Presseagentur — dpa —, Hamburg, vom 19. 8. 1972.

darauf machten sich die ersten Schäden bemerkbar: mehrere Mädchen beendeten ihre aktive Laufbahn, und wenden sich nun, sporthilfegeschädigt, ihrer beruflichen Zukunft zu, die sie bislang vernachlässigen mußten, wenn sie den Ansprüchen der „Sportförderer“ gerecht werden wollten. Für die Sicherung der beruflichen Weiterbildung fühlt sich die „Sporthilfe“ dann allerdings nicht mehr zuständig.

Ganz anders stehen da die Dinge z. B. in der DDR, wo die zeitweilige Freistellung zur Erzielung von Spitzenresultaten durch entsprechende berufliche Förderung ausgeglichen wird. Entscheidend aber ist, daß dort die geförderte Leistung umgesetzt wird in Sportbegeisterung, die befriedigt werden kann (durch Trainer und Sportanlagen) und nicht etwa nur Sportbegeisterung beim Zuschauer zuläßt.

Die Journalistin Edeltraud Remmel veröffentlichte im April 1972, also wenige Monate vor dem „Tag X“ in München einen aufsehenerregenden Bericht über die Vorbereitung der Turn-Mädchen auf die Spiele. Sie besuchte das „Getto des Leistungssports“ (Artikel-Überschrift) in Frankfurt — das Bundesleistungszentrum für den Turnsport. Ihre Schilderung spricht für sich: „Zehn Mädchen im Alter von 13 bis 19 Jahren leben hier ... Ihr Tagespensum sieht so aus: 6 Uhr Aufstehen, etwa eine Stunde Anfahrt zur Schule, fünf bis sechs Stunden Unterricht, Rückfahrt ins Leistungszentrum, Mittagessen und Hausaufgaben bis 16.30 Uhr, anschließend vier Stunden Training. Zapfenstreich ist für die Mädchen bis 16 Jahre um 21.30 Uhr, für die Älteren eine Stunde später. Das bedeutet, daß die Mädchen mindestens zwöf Stunden je Tag voll eingespannt sind. Ein Arbeitgeber, der Jugendliche zwölf Stunden am Tag beschäftigen würde, müßte mit einer hohen Geldstrafe rechnen ...

Ferien gibt es für die Mädchen nicht. Offiziell stehen 14 Tage auf dem Plan, doch auch in dieser Zeit muß trainiert werden, ‚damit wir nicht einrosten‘.

Marlies Lehmann hat zehn Pfund Übergewicht. Obwohl sie gute Leistungen bringt, ist sie ständiger Beobachtung ausgesetzt: ‚Man nörgelt an mir ‘rum und kontrolliert, was ich esse. Und im Training heißt es oft: Mensch, hast Du einen dicken Hintern.‘ Gelegentlich läßt man sich Extratouren einfallen:

Eines nachts wurden die Mädchen aus den Betten gescheucht und mußten zwei Stunden lang trainieren. Es sollte festgestellt werden, wie der Organismus auf solche Belastungen reagiert. Die Trainingsmethoden sind hart und dulden keine Schwächen. An Verletzungen haben sich die Mädchen inzwischen gewöhnt. Mehrere Stunden Trainingsverlust würden sie in den Leistungen zurückwerfen. Das will keine riskieren. Schließlich steht die Qualifikation für München auf dem Spiel. Die Angst, nicht nach München zu kommen, ist stärker als die Schmerzen. Die Olympiapanik macht sie willenlos."[7]

Dies waren nur die markantesten Punkte aus dem Bericht von Edeltraud Remmel. Hier wird klar, welche Auswirkungen folgende Leitlinien eines Josef Neckermann haben: „Das olympische Wort ‚Dabeisein ist alles' kann für uns nicht gelten. Dafür ist das Spendengeld (der Sporthilfe, der Verf.) zu schade. Olympiatouristen gibt es genug."[8] Und „Wie wollen wir unsere Wünsche an die Industrie und an die Bevölkerung rechtfertigen, wenn in einigen Sportarten fast nichts dabei herauskommt?"[9] Neckermann, der hinsichtlich seiner Absichten selten ein Blatt vor den Mund genommen hat, rief

> Im August 1973 betreute die „Stiftung Deutsche Sporthilfe" insgesamt 30 Sportarten. Darunter befinden sich 290 Leichtathleten, 230 Schwimmer, 193 Kanusportler, 146 Radsportler, 145 Kunstturner, 108 Judoka, 106 Ringer, 102 Fechter, je 93 Schützen und Handballer, 72 Gewichtheber, 67 Ruderer, 65 Skisportler, 53 Segler, 51 Hockeyspieler, 45 Rollsportler, 43 Boxer, 42 Eisschnelläufer, 39 Eiskunstläufer, 38 Eishockeyspieler, je 35 Bob- und Schlittensportler, Rugbyspieler und Volleyballer, 30 Moderne Fünfkämpfer, 29 Fußballspieler, 22 Badmintonspieler, 20 Basketballspieler, 16 Tanzsportler, 7 Segelflieger und 3 Tennisspieler.

7 Westdeutsche Allgemeine Zeitung, Essen, vom 22. 4. 1972.
8 Unsere Zeit, Düsseldorf, Nr. 29/1972.
9 Ebenda.

den Aktiven beim Abflug zu den Leichtathletik-Europameisterschaften in Helsinki zu: „Denkt daran, daß ihr auch die deutsche Wirtschaft repräsentiert!“[10] Überrascht hat das seine Schützlinge nicht.

10 Hanjo Kestin: „Opfer für Olympia“ in: „Die vertrimmte Nation“ (hrg. von Jörg Richter, Rororo-aktuell, Seite 103).

6. Der Sport und die Industrie

Werbung auf Trikots

Am 27. Oktober 1973 kamen in Bonn 15 Delegierte des Deutschen Fußball-Bundes zum 25. ordentlichen Bundestag ihres Verbandes zusammen. Dieser Kongreß wird als ein wichtiges (negatives) Datum in die Geschichte des bundesdeutschen Sports eingehen. Denn auf diesem „Jubiläums-Bundestag" (offizielle Bezeichnung) beschlossen die Delegierten im Namen von über drei Millionen im DFB organisierten Fußballern, daß in Zukunft Werbung auf Trikots von Fußballspielern grundsätzlich erlaubt sei. Und zwar ganz gleich, ob es sich um Berufsspieler oder um Amateure handele. Der DFB hatte vor dem Druck der Industrie kapituliert. Allerdings kam der Entschluß keineswegs aus heiterem Himmel. Denn seit Jahren macht sich die Industrie die Finanznöte der Vereine in immer stärker werdendem Maße zunutzen.

So war im Fußball — aber auch in anderen Sportarten — schon vorher offiziell Werbung betrieben worden — durch die Umbenennung von Vereinsnamen.

Die Illustrierte „Stern" nennt einige Beispiele: „Der Kosmetik-Konzern Wella AG zahlt dem erfolgreichen Leichtathletik-Klub ASC Darmstadt 100 000 Mark pro Saison; dafür laufen die Sportler künftig unter dem Namen ASC Wella Reklame ... Die Namen der deutschen Sportklubs lesen sich bereits wie ein Auszug aus dem Börsenblatt: Opel Rüsselsheim, Salamander Kornwestheim, Bayer Leverkusen, Olympia Wilhelmshaven, Gummi Mayer Landau, Pegulan Frankenthal, Röchling Völklingen, Chio Waldhof, Ratio Münster, Quelle Fürth, Joola Landau, Boullo Andernach. Die Notierungen sind dabei recht unterschiedlich. Einer der größten Schuhhersteller Europas zahlt an den ehemaligen Betriebssportverein Salamander Kornwestheim 120 000 Mark aus seinem Etat für Öffentlichkeitsarbeit, die Opel AG nur knapp 10 000 Mark an Opel Rüsselsheim. Dem Chemiegiganten Bayer Leverkusen ist das weltweite Renommee seiner Athleten 3,6 Millionen Mark pro Jahr wert. Diese drei Vereine haben sich von Betriebssportvereinen zu öffentlichen Klubs entwickelt. Die Marschroute verläuft aber seit den letzten Jahren in entgegengesetzter Richtung: unabhängige Vereine suchen den Anschluß an potente Wirtschaftsunternehmen. Die Schickedanz Handelsgruppe (Umsatz 4 Milliarden Mark) unterstützt seit drei Jahren den Verein Quelle Fürth mit 60 000 Mark jährlich. 45 000 Mark zahlt die Konsumgenossenschaft co op an die Dortmunder Leichtathleten. Die Olympia-Werke geben dem Wilhelmshavener Sportamt 10 000 bis 15 000 Mark. Die Lebensmittelhersteller Boullo in Andernach spenden 22 000 Mark. Und der Reifenhersteller Gummi Mayer (Umsatz 350 Millionen Mark) kaufte sich mit 100 000 Mark pro Saison beim Allgemeinen Sportverein Landau ein und erhielt dafür außer der Namensänderung in Gummi Mayer Landau auch zwei Sitze im Vorstand."[1]

Das bisher größte Aufsehen erregte in der Öffentlichkeit eine Werbeaktion des Wolfenbütteler Getränke-Herstellers Mast. Der Jägermeister-Fabrikant kaufte sich für 800 000 Mark beim verschuldeten Fußball-Bundesligisten Eintracht Braunschweig ein. Die Mannschaft ersetzte daraufhin ihr traditionelles Emblem auf den Spielertrikots (ein Löwe) durch den Jägermeister-Hirsch. Die Folge: Nicht nur die Zuschauer auf den Rängen sahen das Markenzeichen, sondern vor allem die Zeitungsleser auf den Sportfotos der Montagausgaben. Und Mast hatte natürlich ein gewaltiges Presseecho. So machte es ihm auch wenig aus, als Eintracht Braunschweig am Ende der Saison aus der Bundesliga in die Regionalliga absteigen mußte. Der Name seines Produktes hatte inzwischen so oft in den Zeitungen gestanden, wie dies durch bezahlte Werbung niemals möglich gewesen wäre.

Aber Mast beschränkt sich nicht nur auf den Fußball. Konsequent wie kein Industrieller vor ihm, setzt er den Sport in allen möglichen Bereichen als Werbeträger ein. So erhielt der Landwirt und Military-Reiter Klaus Wagner von Mast 330 000 Mark für ein Turnierpferd namens Terminus. In Zukunft wurde das Pferd unter dem Namen „Jägermeister" in die Springturniere geschickt. Als es ein Jahr später wegen

1 Stern, Hamburg, Nr. 12/1973.

einer Verletzung getötet werden mußte, sagte Mast: „Allein die Todesnachricht war für uns noch ein Geschäft!“[2]
Einige weitere Aktivitäten des Schnaps-Fabrikanten: Der Profiboxer Conny Velensek machte für Mast auf dem Bademantel Reklame. Hans Lampe, Rekordschwimmer des Deutschen Schwimm-Verbandes, trainierte auf Kosten des „Mäzens“ in Alpen-Höhenluft für die Weltmeisterschaften (wo er dann — unprogrammgemäß — versagte). Der Schwimmverein SV 05 Würzburg nannte sich für 100 000 Mark jährlich in „Jägermeister Würzburg“ um. Der Automobil-Rennstar Graham Hill ließ sich für 160 000 Mark den Hirsch auf den Sturzhelm malen. In Italien spielt ein SC Jägermeister um Eishockey-Ehren.
Diese keineswegs vollständige Aufzählung zeigt, daß die Werbung inzwischen auf alle Gebiete des Sports übergegriffen hat. Am deutlichsten zu sehen ist sie vielleicht noch im Wintersport, vornehmlich im alpinen Skisport.
Insgesamt 45 Firmen, die sich auf die Produktion von Sportartikeln spezialisiert haben, unterstützen den Deutschen Ski-Verband mit Millionen-Summen. Diese Firmen besorgen die Ausrüstung der Spitzenfahrer — und ziehen dann, vornehmlich bei Fernsehübertragungen und auf Pressefotos — einen Werbevorteil daraus.
„Der durchaus positive Aspekt, daß eine breite Allgemeinheit ihre Freizeit zu sinnvoller sportlicher Tätigkeit nutzen möchte, wird von der Industrie rigoros eigenem Nutzen dienstbar gemacht — und dabei geht es nicht nur um den Verkauf von Skiern; auch die ganze Zubehörindustrie profitiert erheblich davon. Ob es sich nun um Sicherheitsbindungen (‚Jet Set, die ideale Lösung‘), Skischuhe (‚Der Kältekiller‘), Anoraks (‚Ein rasantes Styling, wie es Pistenhasen gefällt‘), Handschuhe (‚Angenehm warm und weich‘), kosmetische Artikel (‚Sonnencreme schützt alle Schneewelteroberer‘) oder den Fremdenverkehr (‚Wo klare Horizonte locken‘) handelt.“[3]
Das Hauptinteresse aber richtet sich auf den Absatz von Skiern. Und dieser wird nicht zuletzt dadurch gefördert, daß auf Siegerfotos nach alpinen Skirennen in schöner Regelmä-

2 Ebenda.
3 Unsere Zeit, Wochenzeitung, Düsseldorf, Nr. 44/1973.

ßigkeit die Skier so deutlich in die Kameras gehalten werden, daß auch der kurzsichtigste Hobby-Wintersportler den Namen der Herstellerfirma lesen kann. Das allein genügt der Industrie allerdings noch nicht. „Jeder Konzern weist zusätzlich in einschlägigen Fachzeitschriften auch noch einmal auf die Erfolge seiner eigenen Produkte hin. So renommiert Blizzard mit dem Weltcupsieg der Damen und Herren im Riesenslalom 1973, während Kneissl unter anderem auf 24 Siege beim Hahnenkamm-Rennen, auf 35 Siege beim Kandahar-Rennen und 35 Medaillen bei FIS-Weltmeisterschaften hinweist.“[4]

Daß sich Werbung und Investitionen lohnen, zeigt folgendes Beispiel: „Während die Profite der meisten österreichischen, deutschen oder schweizer Skifabrikanten im Dunkel der ‚GmbHs‘ versickern und für die Öffentlichkeit kaum transparent sind, läßt sich am Beispiel der französischen Firma Rossignol ermessen, welche Riesengewinne aus dem Skisport gezogen werden. Als bisher erste und einzige Ski-Firma wurde Rossignol nämlich 1969 in eine Aktiengesellschaft umgewandelt. Damals betrug der Ausgabekurs für eine Nominalaktie von 100 Francs 750 Francs. Innerhalb von 14 Tagen stieg damals der Kurs auf 945, und er erreichte nach den Erfolgen der französischen Skiläufer bei den Olympischen Winterspielen von Sapporo am 22. Februar 1972 einen Höchststand von 1450 Francs. Inzwischen ist der Aktienkurs bei über 2100 Francs angelangt.“[5]

Gerade am Skisport zeigt sich auch die Bedeutung des Fernsehens für die Geschäfte der Industrie. „Das Beispiel von Mürren mag veranschaulichen, welche Bedeutung einer Fernseh-Übertragung beigemessen wird. Mürren verzichtete nämlich auf das Arlberg-Kandahar-Rennen der Damen im Januar 1974. Grund: Wegen technischer Schwierigkeiten war es dem Fernsehen nicht möglich, dieses Rennen zu übertragen. Der Schweizer Fernsehkommentator Karl Erb resignierend: ‚Ohne Eurovision keine Sponsorfirmen — das ist ein altes Lied.‘“[6]

---

4 Ebenda.
5 Ebenda.
6 Ebenda.

Nicht nur die Profis kassieren

Gerade die Massenmedien Fernsehen und Presse machen den Sport und seine Stars für die Industrie so interessant. Vor allem die Spieler aus der Fußball-Nationalmannschaft garantieren offensichtlich für Umsatz. In der Zeitschrift „Olympische Jugend" heißt es dazu: „Spätestens seit dem Gewinn der Europameisterschaft, wo zahlreiche Kritiker die Elf der Bundesrepublik zur besten der Welt kürten, ist ihr Marktwert auch für die Werbung im Ansteigen begriffen. Vom Putzmittel bis zur Eintopfsuppe — vom Farbfernseher bis zum Fertighaus: Franz Beckenbauer und Co. garantieren bundesdeutschen Konsumenten Qualität. Die Stars der Bundesliga nehmen damit teil an dem mit großem Aufwand betriebenen Unternehmen, dessen erklärtes Ziel es ist, die Haltung der Konsumenten so zu beeinflussen, daß sie willfährig den Verkaufsversprechungen der Produzenten Glauben schenken. Indem findige Public-Relations-Manager Gerd Müller ein Produkt anpreisen lassen, umhüllen sie es geschickt mit einem Hauch sportlicher Exklusivität. Das sportliche Gütezeichen Gerd Müller, das weltweites Ansehen genießt, soll dem Produkt eine magische Anziehungskraft verleihen, die es zu einem Verkaufsschlager werden läßt... Was sie (die Produzenten, d. Verf.) verkaufen wollen, ist kein x-beliebiges Produkt, sondern eine Ware, die allen das symbolisiert, was der Fußballheros Gerd Müller darstellt und was des Konsumenten heimliche Wunschträume sind: Ruhm, Ansehen und Erfolg. Gegenstand der Werbung sind damit nicht die Vorzüge des Produktes, sondern vielmehr die des bekannten Fußballstars, die geschickt mit der Ware verknüpft werden. Was dabei zählt, ist allein der klangvolle Name des Sportlers, der sportlichen Ruhm und Erfolg repräsentiert. Gerd Müller als Mensch ist für die Werbung ohne jede Bedeutung, er ist lediglich ein auswechselbares Modell."[7]

„Mit dem National-Trikot ziehen sie das Geld an", hieß die Überschrift in der „Welt am Sonntag" zu einem Artikel über die Einnahmen von Nationalspielern. Franz Beckenbauer ist ein Beispiel hierfür: In „normalen Jahren" verdient er etwa

---

7 Olympische Jugend, Frankfurt, Nr. 6/1973.

500 000 DM, in Weltmeisterschaftsjahren annähernd eine Million. Die Werbeaufträge kommen meist über Bayern Münchens Klub-Manager Robert Schwan herein. „Beckenbauer löffelte nahrhafte Suppen zu Reklametexten wie ‚Mutti! Drei kräftige Knorr-Suppen und dann das tolle Beckenbauer-Trikot', hielt seinen Kopf für Frisier-Creme hin oder warb für Trenchcoats. Vor der Weltmeisterschaft in Mexiko half Beckenbauer mit dem Spruch ‚Hin zu Aral und ab nach Mexiko' hochoktaniges Benzin so treuherzig zu verkaufen, daß Werbeleiter Oswald Heske ihm bescheinigte, ‚gute Arbeit wie kein anderer geleistet' zu haben."[8] Für 1974 hat Beckenbauer einen Vertrag mit dem Brauerei-Verbund „Vitamalz" unterschrieben. Die Höhe des Honorars liegt „irgendwo zwischen 100 000 und einer Million Mark" (Werbefachmann Peter Vollmann).[9]

Werden die Fußball-Profis meist zur Werbung für sportfremde Konsumartikel herangezogen, so tritt in anderen Sportarten vornehmlich die Sportartikelindustrie in Erscheinung. Über die Praktiken bei den Tennis-Spitzenspielern berichtete die Sportillustrierte 1971 anläßlich eines Profi-Tennisturniers in Köln: „Rod Laver, der Australier, ist ein mit allen Wassern gewaschener Tennisspieler. Doch seine Qualitäten als Geschäftsmann sind kaum geringer einzuschätzen ... Zu seinen Spielen in der Halle erschien Laver mit drei bis vier Tennisschlägern unter dem Arm. Donnay sollte man meinen, denn die Rackets steckten in dunkelroten Schutzhüllen mit der weißen Aufschrift Donnay. Die Tennisfreunde in der Halle, die bisweilen in ihren Klubs selbst den Schläger schwingen, mußten sich beim zweiten Hinsehen die Augen reiben; denn aus der Hülle zog Laver das allseits bekannte Dunlop-Modell Maxplay. Nur zum Einschlagen griff er bisweilen zu einem Donnay und natürlich jeweils, wenn das Fernsehen sich einschaltete. Solche Schizophrenie ist keineswegs willkürlich, sondern durchaus geplant: Überall in der Welt muß Laver seinen Vertrag einhalten, den sein Manager Mc Cormick (der u. a. Jackie Stewart und Jean-Claude Killy betreut) ausgehandelt hat. Der Vertrag sieht vor, daß Laver die Schläger der amerikanischen Firma Cemold spielt. Cemold wiederum

8 Der Spiegel, Hamburg, 6. 8. 1973.
9 Sportillustrierte, München, Nr. 11/1973.

heißt in Europa Donnay. Aus alter Anhänglichkeit ... benutzt er jedoch meist das Dunlop-Modell Maxplay. Und weil es ihm laut eigener Aussage am besten liegt. Nicht etwa, sagt Laver, weil der Profi Rod Laver Geld dafür bekommt. Oder weil er bei Dunlop noch immer einen Beratervertrag hat ... Ein Glücksfall für Dunlop. Denn vor zwei Jahren stieg der Australier aus dem Abkommen mit seiner alten Firma aus, weil seine finanziellen Forderungen von Dunlop nicht erfüllt wurden. Er kassiert jetzt — geschickt geführt von seinem Manager — etwa 250 000 Mark pro Saison für die (zum Teil scheinbare) Benutzung der Donnay-Modelle. Immerhin wirkt sich das Laver-Engagement günstig auf die Verkaufszahlen von Donnay aus. Das Stahlracket Modell Laver (230,- DM) wurde zu einem Schlager."[10]

Rod Laver ist Berufssportler. Doch solche Verträge, wie sie der Australier mit den Sportartikelfirmen schließt, gibt es keineswegs nur im Profisport, auch wenn es nicht immer um sechsstellige Summen geht.

Wie die Ski-„Amateure" nach dem Rennen ihre Skier und die Tennis-Profis nach dem Match ihren Schläger, so halten auch andere Spitzen-Sportler nach dem Wettkampf ihre Schuhe in die Höhe: Die führenden Sportschuh-Firmen Adidas und Puma betreiben ihre Werbung ebenfalls am liebsten am „lebenden Objekt". Das mag noch angehen, wenn es etwa um die Fußball-Nationalmannschaft der Bundesrepublik geht, die sich vertraglich verpflichtete, Adidas-Schuhe zu tragen (ein Umstand, der übrigens in Mexiko 1970 zu einem großen Krach führte, weil die Spieler nicht an den Einnahmen beteiligt wurden. Das hat sich inzwischen geändert). Fußballspieler kicken schon lange nicht mehr in den Schuhen, die sie als die besten ansehen, sondern von deren Herstellern sie das meiste Geld erwarten können. So spielen zum Beispiel die Fußball-Nationalspieler des Vereins Borussia Mönchengladbach in den Spielen ihres Klubs in Puma-Schuhen, in der Nationalmannschaft jedoch in Adidas-Fabrikaten.

Aber die Schuhfirmen stellen, wie gesagt, keineswegs nur Fußballstiefel her. In einem Bericht über den siebenfachen Olympiasieger Mark Spitz schrieb der Stern: „Vor einem Jahr

---

10 Sportillustrierte, München, Nr. 23/1971.

in München ahnte Mark Spitz seinen Dollarwert noch nicht, aber er machte schon kleine Geschäfte. Jedesmal, wenn der Olympiasieger auf das Treppchen stieg und eine seiner sieben Goldmedaillen empfing, trug er andere Sportschuhe — obwohl Schwimmer gewöhnlich barfuß zur Ehrung schreiten. Bei der dritten Goldmedaille trug Mark sogar links einen Schuh der Firma Puma und rechts einen Schuh der Firma Adidas. Bei der vierten Goldmedaille winkte der Superstar mit adidas-Schuhen ins Publikum und in die Fernsehkameras. Nach dieser wohlgelungenen Werbeschau wollten aufgebrachte Funktionäre ihm alle Medaillen abnehmen. Doch da nicht zu beweisen war, daß Spitz für derlei Demonstrationen Geld bekommen hatte, mußten sie ihn laufenlassen.

Vor allem die Leichtathletik bietet gute Absatzchancen, denn für fast jede Disziplin gibt es Spezialschuhe. Und so ist es ein offenes Geheimnis, daß die international erfolgreichen Leichtathleten aus der Bundesrepublik — und aus dem kapitalistischen Ausland — „Unterstützungsgeld" von den Schuhfirmen beziehen, wenn sie deren Produkte im Wettkampf tragen. Solche Geschäfte auf Gegenseitigkeit gehen normalerweise im Stillen vor sich — Öffentlichkeit ist hier nicht erwünscht. Schließlich soll den Millionen Freizeitsportlern suggeriert werden, ihre Vorbilder trügen den oder jenen Schuh, weil er ihnen tatsächlich zum Erfolg verhelfe. Daß beim heutigen Entwicklungsstand die Spitzenprodukte aller Schuhfirmen praktisch die gleiche Qualität haben, soll natürlich möglichst verheimlicht werden.

Aber manchmal kommt es eben doch ans Tageslicht. Großes Aufsehen erregte zum Beispiel ein halbes Jahr nach den Olympischen Spielen von München der Fall der drei Leichtathletik-Stars Karl Honz, Bernd Herrmann und Paul-Heinz Wellmann. „Adidas hatte Honz, Wellmann und Herrmann, die bisher Schuhe der Konkurrenz trugen, überredet, künftig Werbeträger für Adidas zu sein. Daraufhin hatte Puma die drei ‚Amateure' auffliegen lassen. Puma gab bekannt: Die drei Athleten hätten unerlaubte Forderungen gestellt, beziehungsweise verbotene Zuwendungen bekommen. Die Firma veröffentlichte Einzelheiten und drohte mit weiteren Enthüllungen für den Fall, daß die drei Athleten Puma verlassen würden."[11] Der Pressechef von Puma, Sepp Dittrich, legte ein Schreiben von Bernd Herrmann (BRD-Vizemeister über 400 m) vor, in dem der Leichtathlet monatlich 250 Mark forderte, wenn er weiter die Marke Puma tragen sollte.

In dem Brief heißt es: „Lieber Sportkamerad, seitdem ich nicht mehr Angehöriger der Bundeswehr bin, hat sich meine Lage, auch die finanzielle, radikal verändert. Ich muß eine relativ hohe Miete bezahlen ... Leider ist das Essen in der Kölner Mensa sehr schlecht ... deswegen muß ich nun auch noch sehr viel Geld für ein gutes Mittagessen und Frühstück aufwenden. Aus diesem Grunde möchte ich Sie bitten, eine *Erhöhung* (Hervorhebung vom Verf.) des Verpflegungszuschusses auf 250,- DM zu veranlassen. Geben Sie mir bitte bald Bescheid. Mit sportlichem Gruß Bernd Herrmann."[12]

Aber Bernd Herrmann kassierte nicht nur bei Puma. Er bekam gleichzeitig von der Sporthilfe 500 Mark im Monat als „Verpflegungszuschuß".[13]

Für eine kurze Zeit wurde von den beiden im Konkurrenzkampf liegenden Schuhfirmen, die von zwei Brüdern geführt werden, schmutzige Wäsche in der Öffentlichkeit gewaschen. So wies das „Haus Adidas darauf hin, daß man in den Fällen Liesel Westermann, Franz-Joseph Kemper (Brütting-Schuhe), Hochspringer Magerl, Armin Hary und Bob Seagren (alle Puma) auch nicht an die Öffentlichkeit getreten ist. (Pressesprecher) Rühl: ‚Wir haben sogar einen Brief vorliegen, in dem Hammerwurf-Weltrekordler Walter Schmidt nach seinem Wechsel zu uns von Puma erpreßt wird."[14]

Solche Veröffentlichungen schienen den Verantwortlichen denn doch zu bedrohlich. Der Präsident des Deutschen Leichtathletik-Verbandes, Dr. Kirsch, griff höchstpersönlich ein — nicht aber, wie sich bald herausstellte, um die Machenschaften aufzudecken und für die Zukunft zu unterbinden. Nach einer Unterredung mit den Hauptbeteiligten belegte er die ganze Affäre mit der Bezeichnung „ein Aprilscherz".[15]

---

11 Sportillustrierte, München, Nr. 5/1973.
12 Bild-Zeitung, Hamburg, 10. Januar 1973.
13 Ebenda.
14 Bild-Zeitung, Hamburg, 9. Januar 1973.
15 Kicker-Sportmagazin, Nürnberg, 22. Januar 1973.

„Alles scheint nach einer Aussprache wieder im Lot, und der DLV verfiel auf seinen beliebten Trick: Mißverständnisse gab es und sonst nichts", hieß es in der Münchner Boulevardzeitung tz. „Vergessen ist Wellmanns Wort von der ‚Erpressung'. Puma-Vertreter Eyerkaufer hatte ihm am Telefon nämlich angekündigt, die Sporthilfegelder würden gestrichen, falls er gehe. Auch die drohende Konventionalstrafe von 25 000 Mark wurde noch einmal abgewendet. Der Prestigeverlust für die Firma wäre zu arg gewesen ... Kirsch hat sein Werk getan, er muß sich dabei vorkommen wie ein Flickschuster. Er gestand zum Beispiel zu, und dies ist schlimm, daß ein Wechsel von einer Marke zur anderen nur im besten Einvernehmen aller Seiten möglich sei. Die Firmen haben die Leichtathleten offenbar in der Hand. Sie könnten Schwarzbücher über deren Eskapaden veröffentlichen. Umgekehrt gäbe es auch einiges. Aber die Firmen sind keine Amateursportler, das ist der Unterschied."[16] Damit war für den Deutschen Leichtathletik-Verband der Fall erledigt. Und nach wenigen Tagen war der Fall auch von den Sportseiten der Tageszeitungen verschwunden. Denn in der Stille lassen sich eben doch besser Geschäfte machen.

Welche Macht die Schuhfirmen in der Bundesrepublik besitzen, läßt sich an einer Fragestunde im Bundestag ablesen. Am 23. Juni 1972 brachte der CSU-Abgeordnete Dr. Riedl folgende Anfrage ein: „Trifft es zu, daß durch ein Rundschreiben des IOC in Lausanne den Teilnehmern der Spiele der XX. Olympiade München 1972 in München im Gegensatz zur bisherigen Übung das Tragen von Sportkleidung mit bestimmten Markenzeichen deutscher Sportartikelfirmen verboten wurde, und ist diese Entscheidung nicht zuletzt durch entsprechende Anregungen von deutscher Seite auf dem IOC-Kongreß in Sapporo und der Sitzung des IOC-Exekutiv-Komitees in Lausanne vom 27. bis 31. 3. 72 herbeigeführt worden?"[17] Als ihm darauf der zuständige damalige Parlamentarische Staatssekretär beim Bundesinnenminister, Wolfram Dorn, die Antwort gab, das IOC sei autonom und die Bundesregierung könne nicht zu Entscheidungen dieses Gremiums Stellung neh-

---

16 tz, München, 18. Januar 1973.
17 Nach: Sportillustrierte, München, Nr. 14/1972.

men, wurde Dr. Riedl mit seinem Angriff auf die Eigenständigkeit des Internationalen Olympischen Komitees und seiner Mitglieder noch deutlicher: „Herr Staatssekretär, ist die Bundesregierung bereit, zur Kenntnis zu nehmen, daß es bei dieser Fragestellung nicht darum geht, die genannte IOC-Entscheidung in Frage zu stellen, sondern daß es vielmehr darum geht, zu erfahren, ob ein deutsches Exekutivmitglied des IOC gegen deutsche Sportartikelhersteller bei dieser IOC-Sitzung in irgendeiner Weise tätig oder initiativ geworden ist?"[18]

Übrigens: Mit der vornehmen Umschreibung „ein deutsches Exekutivmitglied des IOC" ist natürlich niemand anders gemeint als der Industrielle Willi Daume, der, um „seine" Spiele von München zu retten, gar nichts anderes tun konnte, als den für jeden sichtbaren Einfluß der „deutschen Sportartikelfirmen" (die auf der Welt fast eine Monopolstellung besitzen) einzudämmen.

18 Ebenda.

7. Bundesligaskandal

Während es schon im Amateur-Spitzensport teilweise um erhebliche Summen geht, haben die Profis den Sport ganz zu ihrem Beruf gemacht und sind von sportlichen Erfolgen materiell abhängig. Je artistischer die Leistung im Wettkampf, desto höher steigt der Profisportler im Kurs bei Veranstaltern und Managern. In immer mehr Profisportarten wird denn auch die „sportliche Entscheidung" des Wettkampfes schon vorher in Absprachen festgelegt. Klar, daß auch dabei Geldsummen den Mann wechseln. So ist es längst bekannt, daß so mancher Berufsbox-Meister seinen Titel weniger dem sportlichen Können als vielmehr seinem im Schongang kämpfenden Gegner zu verdanken hat, der dafür aber kassiert hat. Bei reinen Schauveranstaltungen wie denen der Catcher macht sich allerdings auch bei den Zuschauern kaum noch jemand Illusionen, daß hier im Wettstreit um die sportliche Ehre geschlagen, getreten, gelegt und geprügelt wird.

Bei den Radrenn-Profis ereignete sich im Januar 1974 am Rande des Bremer Sechstagerennens ein Zwischenfall. Entgegen den Gepflogenheiten, das Rennen im Schongang zu fahren und die Entscheidung erst im Finish zu suchen, traten einige Radler so kräftig in die Pedale, daß den Sechstage-Veteranen der Kragen platzte. Es setzte Prügel. Der Kicker schrieb dazu: „Udo Hempel und Günter Haritz schnitten sich ihren Kuchen heraus, egal, ob das Bugdahl oder Wolfgang Schulze paßte. Einer der wenigen Oldtimer, die sich ganz schnell auf die neue Musik einzustellen vermochten, war Dieter Kemper. Der 36jährige Dortmunder fühlte sich stark genug, das strapaziöse Tempo von Bremen noch zu forcieren — und schon gab es Differenzen. Sogar Prügel drohten sich die alternden ‚Sechs-Tage-Könige' an, nachdem Wolfgang Schulze Dieter Kemper gebeten hatte, nicht mehr so schnell in die Pedale zu treten. Kemper, dem Berliner ohnehin nicht grün, konterte: ‚Ich fahre, wie es mir paßt.' Das Ende vom Lied': Wolfgang Schulze schlug Dieter Kemper in der Umkleideka-

bine regelrecht ko. Kemper flog gegen eine Heizung und liegt jetzt mit Gehirnerschütterung zu Hause."[1]
Derartige „Zwischenfälle" von Bestechlichkeit, Schiebung und Geheimabsprachen hönnen aber nicht etwa als Ausartungen erklärt werden, wie sich die bürgerliche Sportpresse zu erläutern bemüht. Die Ursachen dafür können nicht losgelöst gesehen werden von den gesellschaftlichen Bedingungen, unter denen sich der Profisport entwickelt hat. Ein weiteres Beispiel, auch wohl das bekannteste, liefert der Bundesligaskandal.

Die Tonbänder des Herrn Canellas

Der eigentliche „Skandal" wurde aufgedeckt mit der Veröffentlichung von Tonbandaufnahmen durch den damaligen Vorsitzenden von Kickers Offenbach, Horst Gregorio Canellas. Bei einer Feier zu seinem 50. Geburtstag spielte er Bänder ab, deren Inhalt zum ersten Mal in der Geschichte des bundesdeutschen Profifußballs Einblicke in dessen Geschäftspraktiken gewährte und folglich eine lange öffentliche Diskussion nach sich zog.
Dies war Canellas' Ausgangspunkt: Um den Abstieg seines Vereins Kickers Offenbach aus der Bundesliga zu verhindern, war die Mannschaft sowohl vom Ergebnis ihres letzten Saisonspiels als auch von den Ergebnissen anderer Spielpaarungen (wenn dort ebenfalls abstiegsgefährdete Vereine mitkickten) abhängig. Diese Spiele wollte Canellas mit Geldmitteln beeinflussen. Hier ein Auszug aus den entlarvenden Tonband-Protokollen (Gesprächspartner Manglitz war damals Torhüter des 1. FC Köln):
Canellas: Jetzt noch eine Frage, Herr Manglitz. Wenn das mit den hunderttausend ..., nehmen Sie mal an, es klappt nicht, wie verbleiben wir dann?
Manglitz: Ja, ich sehe nicht, warum es nicht klappen soll ... wie meinen Sie das jetzt?
Canellas: Na ja, wenn wir trotzdem verlieren.
Manglitz: Dann kriegen Sie es zurück.
Canellas: Kriege ich es zurück. Bitte, ich frage Sie nur. Also:

---

1 Der Kicker, Frankfurt, 21. 1. 1974.

Sie garantieren dafür mit einem Wort?
Manglitz: Ja.
Canellas: Gut, Herr Manglitz.
Manglitz: Ja, passen Sie auf. Auf der anderen Seite könnte ja, wenn man weiß, könnte Ihnen ja schon mit dem Unentschieden geholfen sein. Wir spielen auf jeden Fall auf Sieg, das ist klar. Aber es könnte ja unter Umständen möglich sein, daß Ihnen mit dem Unentschieden auch schon geholfen ist.
Canellas: Das ist mein Risiko.
Manglitz: Natürlich, ein Risiko. Aber wir unterhalten uns da im Wagen.
Canellas: Herr Manglitz, ich bedanke mich.
Manglitz: Herr Canellas, und sonst Stillschweigen.
Canellas: Stillschweigen, absolutes Stillschweigen.

„Ja, das ist fair“

Canellas’ Gespräch mit dem Spieler des Westberliner Bundesligisten Hertha BSC, Wild, deutet bereits an, daß sich die Schieber untereinander ebenso betrügen wie sie selbst wiederum das Publikum:
Canellas: Sie sagten mir gestern 120. — Sie sagten mir gestern 120 000.
Wild: Also hören Sie mal, ich habe einen ganz duften Vorschlag: Weil es Offenbach ist, und ohne Kuhhandel hin und her: 140, und die Sache ist für Sie in Ordnung.
Canellas: 140.
Wild: Ja.
Canellas: Und wie müßte die Übergabe vonstatten gehen, Herr Wild?
Wild: So schnell wie möglich.
Canellas: Herr Wild, ja wo denn?
Wild: Könnt ihr jemand ’raufschicken, oder was?
Canellas: Ich muß ja einen schicken, oder wollten Sie; Sie können ja nicht ’runterkommen.
Wild: Nein. — Wir machen das so aus: der bringt das Geld mit, wir wollen es sehen.
Canellas: Das Geld sehen, ja.

Wild: Dann stellt der sich mit irgendeinem Verbindungsmann mit mir auf die Stehränge oder sonstwohin.
Canellas: Jawohl.
Wild: Ist das Spiel gewonnen, wechselt die Tasche den Mann . . .
Canellas: Ja.
Wild: In der Tasche ist Geld, und geht leer zurück. Ist das fair?
Canellas: Ja, das ist fair.
Wild: Gut.
Canellas: Ja, meinen Sie denn, daß die Bielefelder noch einmal überbieten und Sie dann umfallen?
Wild: Nein. Ich sage Ihnen das jetzt ganz offen — aber wehe, wenn da was 'rauskommt.
Canellas: Da kommt doch nichts 'raus.
Wild: . . . die wollen 220 bezahlen.
Canellas: 220 000?
Wild: Ja.
Canellas: Um Gottes willen.
Wild: Aber das gibt bei Ihnen praktisch überhaupt kein Risiko.
Canellas: Ja.
Wild: Wenn wir da einsteigen, dann ist unsere ganze Karriere gefährdet und alles.
Canellas: Aber Tasso, die gehen ja ganz schön 'ran, was?
Wild: Ja, die haben angefangen auch mit 120, nä.
Canellas: Und, Herr Wild, Sie würden dann den Bielefeldern absagen?
Wild: Ich sage Ihnen, wenn Sie mir das jetzt zusagen, dann sage ich heute denen ab.
Canellas: Sagen Sie den Bielefeldern ab?
Wild: Ich muß sagen, die ganze Mannschaft, die waren alle dafür, daß Offenbach drinbleibt.
Canellas: Daß Offenbach drinbleibt.
Wild: Weil sie sagen, wir fahren doch lieber in den Süden runter, als wie in den verdammten Westen rein. Und auch: für uns gibt es überhaupt kein Risiko.
Canellas: Für Euch kein Risiko, ja.
Wild: Sie können. Wenn uns ein Gönner Geld schenkt, na und? Und Sieg, das ist doch das Beste.
Canellas: Ja.

Wild: Da wird keiner betrogen, das ist doch ganz einfach. Canellas: Ja.

„Da war schon einer mit hundert Mille“

Das Gespräch des Kickers-Vorsitzenden mit dem BRD-Nationalspieler Bernd Patzke, ebenfalls Hertha BSC:

Patzke: Da war einer da gewesen, und ich habe ein paar ernste Worte gesprochen und gesagt, daß das nicht geht und so weiter. Sie können glauben, die hören auch auf mich, und natürlich wollen wir jeder ein paar Mark mehr verdienen, kann ich verstehen.

Canellas: Sagen Sie mal, dem Tasso müssen doch die Bielefelder die 120 geboten haben, sonst hätte er die doch nicht von mir verlangt?

Patzke: Da war schon einer da mit hundert Mille.

Canellas: Mit hundert Mille war schon einer da?

Patzke: Und der andere kommt noch. Die laufen denen die Bude ein. Bei mir ist das Telefon den ganzen Tag, ich gehe gar nicht ran.

Canellas: Herr Patzke, da passiert doch eines: Sie haben doch gesagt, der Tasso Wild will das doch ausreizen. Sie waren doch gestern etwas verärgert, Sie wollen es nicht ausreizen.

Patzke: Ich habe es aus der Hand gegeben, weil ich gesagt habe ...

Canellas: Aber sagen Sie mir mal, mir kann doch jetzt passieren, wenn wir am Freitag jemand schicken mit einer Summe, will der doch über 120 liegen, und die Bielefelder geben noch mal 50 drauf, dann bin ich doch draußen?

Patzke: Nee, nee, Sie sind nicht draußen. Ich sage Ihnen, auch wenn Sie das Geld schicken, und das wird vorausgesetzt, was da natürlich sein wird, und wir gewinnen nicht, und wir haben das Geld. Sie kriegen das auf jeden Fall todsicher zurück. Dafür verwende ich mich.[2]

---

2 „Bundesliga-Skandal“, zusammengetragen von Dr. Einhard Rauball, Walter-de-Gruyter-Verlag, Westberlin, 1972.

Profifußball vom Amateursport sauber trennen

In dem Kommentar der UZ wird der „Skandal“ der Bundesliga auf seine Ursachen zurückgeführt. Unter der Überschrift „Dem Sport helfen“ schreibt Fritz Noll:
„Die Ursache für das, was man den Bundesligaskandal nennt, liegt im System der kapitalistischen Umwelt. Was Herr X als Chef eines großen Unternehmens tagtäglich macht, Leute über das Ohr hauen, Aufträge durch Bestechungsgelder einbringen, Prämien für besonders profitable Geschäfte an Vermittler auszahlen, das macht Herr X natürlich auch als Vorsitzender eines Bundesligavereins, wobei ‚Verein‘ besser mit Firma übersetzt wird. Und plötzlich regen sich die Leute über etwas auf was ansonsten mit Attributen wie ‚clever‘, ‚dynamisch‘, ‚erfolgreich‘ versehen wird. Und Herr X benimmt sich vor dem Kontrollausschuß des DFB wie vor dem Finanzamt bei der Prüfung der Bilanz, er frisiert, hebt die Schwurhand zu jedem Meineid, hat, ist er schließlich überführt, ‚doch nur im Interesse seines Vereins, ja seiner Stadt gehandelt‘!
Profifußball ist Geschäft, und zwar kapitalistisches Geschäft mit allen Haken und Ösen, er hat trotz seiner Attraktivität nichts mit dem zu tun, was die Legendenschreiber aus den bürgerlichen Redaktionsstuben ihm andichten: Er ist weder von sportlichen Idealen geleitet noch vertritt er sie. Das ist die erste Erkenntnis, zu der sich die Fans durchringen müssen. Daraus folgert, Profifußball ist von dem Amateursport sauber zu trennen. Wer seine 15 DM an der Kasse bezahlt, sieht Berufsartisten und keine Sportidole, finanziert eine Firma und hat das Recht, korrekt bedient zu werden, oder er bezahlt nicht mehr.“[3]

Wie das Hornberger Schießen

Wie vom DFB die Skandal-Affäre zu Ende geführt wurde, hatte sich schon bald angedeutet. Nach einer Welle von Prozessen gegen die kleinen Schieber, die bestochenen Fußballprofis, und weit weniger mutigen Ermittlungen gegen die

3 Unsere Zeit, Düsseldorf, Nr. 45/1971.

eigentlichen Initiatoren der Affäre, die Vereinsbosse, begann der DFB, auf Druck der Bundesliga-Vertreter in seinen Reihen, mit einer Amnestierung der meisten Bestraften. Spieler, die mit lebenslänglichem Spielverbot bedacht worden waren, erhielten ihre Lizenz zurück wie auch ihre Kollegen mit knapperen Strafmaßen.

Der Skandal, der niemandem peinlicher war als den DFB-Oberen selbst, endete damit erwartungsgemäß wie das Hornberger Schießen. Die Beseitigung der Ursachen des Bundesligaskandals hätte zwangsläufig die Neuorganisierung des Sports in der Bundesrepublik vorausgesetzt, nämlich die Zurückdrängung des Einflusses, den die Industrie auf den Sport in diesem Lande ausübt.

Aber daran zeigte der DFB kein Interesse. Vereinsbosse, die in den Skandal verwickelt waren, wurden materiell kaum getroffen. Ein Funktionsverbot im Bereich des DFB auf Lebenszeit trifft eben jene Herren weniger, die sich als Spitzenmanager in der Großindustrie nebenher den Luxus eines Fußballklubs gehalten haben; ihnen fällt es nicht schwer, sich wieder ganz auf ihr einträgliches Berufsleben zurückzuziehen. Aber auch ihnen ist die Amnestie sicher. Und verziehen hat ihnen der DFB längst.

3. Die Sportpresse

Die Aufgabe der Sportpresse

Der gegenwärtige Sportjournalismus in der Bundesrepublik ist, oberflächlich gesehen, recht unpolitisch drapiert. Denn: „Sport hat nichts mit Politik zu tun“ (gängiges Credo der BRD-Sportideologen, die sich dennoch nicht scheuen, den Sport für die Schürung der miesesten nationalistischen und antikommunistischen Stimmungen zu nutzen).
Wenn manche dem Spitzensport nachsagen, seine Wirkung sei systemstabilisierend, durch ihn werde revolutionäre Energie gebunden, muß natürlich gefragt werden, wer denn den Spitzensport für diese Zwecke benötigt. Denn die sportliche Spitzenleistung kann in ihrer Wirkung nicht antirevolutionär sein, wenn sie nicht mit antirevolutionären Ideen verknüpft wird. Hier setzt die Aufgabe des bürgerlichen Sportjournalisten ein.
Eine seiner Hauptaufgaben ist die Vertiefung des systemstabilisierenden Aspekt der DSB-Politik. Die fast durchgehend vorbehaltlose publizistische Unterstützung der „Stiftung Deutsche Sporthilfe“ und der von ihren Trägern verbreiteten Ideologie sind ein Indiz dafür. „Josef Neckermann ist glaubwürdig, weil er nicht nur erfolgreicher Unternehmer, unabhängiger Funktionär im Sport, sondern auch erfolgreicher Sportler ist“, schreibt die Bildzeitung. „Josef Neckermann weiß genau, daß nur erfolgreiche Arbeit das weitere Bestehen der Sporthilfe über 1972 hinaus garantiert.“[1]
Unablässig wird die Person Neckermanns als das Symbol des Erfolgtyps in Sport und Beruf (quasi als Einheit) herausgestellt. Die inzwischen entschlafene „Sportillustrierte“ aus dem Burda-Verlag wirkte hier meinungsbildend für einen Teil der Sportjournalisten. „Schon um 6,30 Uhr sitzt der Chef im Sattel, arbeitet draußen in Götzenhain, am Stadtrand Frankfurts, drei Pferde dressurmäßig durch. Und noch gegen Mitternacht brennt das Licht in seinem Arbeitszimmer. Dazwischen liegen

---

1 Bildzeitung, Hamburg, vom 21. August 1971.

die Termine, Konferenzen, Entscheidungen, von denen Gewinn und Verlust des Milliardenkonzerns (Umsatz 1971: 2,452 Milliarden DM) abhängen." Und weiter: „Wer mit ihm zu tun hat, im Sattel oder im Chefsessel, kann schwerlich unbeeindruckt bleiben von seiner Konzentrationsfähigkeit, Disziplin und Selbstbeherrschung. Ohne diese Eigenschaften könnte Josef Neckermann wohl auch nicht Unternehmer, ‚Sporthilfe'-Boß und Hochleistungssportler zugleich sein ... 1967 adoptierte Josef Neckermann quasi den verwaisten deutschen Leistungssport ..." Man sollte sich hüten, derartige Schnulzen für pure Rührstories zu halten, denn es kommt noch dicker: „Man wirft Josef Neckermann allen Ernstes vor, was dem Sport in diesem Lande zu unzweifelhaftem Segen gereicht: Daß er Sport und Geschäft vermischt."[2]
Erfolgreich in Beruf, Sport und Familie („Ohne das Verständnis meiner Frau könnte ich das alles gar nicht schaffen.") ist Neckermann für die bürgerliche Sportpublizistik ein Glücksfall. Spielend läßt sich hier der Sport mit dem „freien Unternehmertum" verbinden — unerreichbar und den Millionen Sportfans als Symbol serviert. Nirgends wird übrigens erwähnt, daß z. B. Dressurreiter in der BRD nur dann Spitzensportler werden können, wenn sie sich (oder ihre Anverwandten) Pferde, Reitställe und Dressurbahnen leisten können.

Der unbekannte Trainer

Nachdem schon seit Jahren keine Überlegenheit im Spitzensport der Bundesrepublik gegenüber der DDR als „Überlegenheit des Systems" umgedichtet werden kann, war hier natürlich eine Umpolung der bürgerlichen Sportjournalistik notwendig. Nach der überragenden Sommersaison der DDR-Athleten 1973 las sich das so:
Unter der Überschrift: „DDR-Sport und die Pille", Unterzeile: „‚Fragwürdiger Fortschritt' — schon mitten in der Zukunft" sollen die Leistungen der Sportler als Ergebnisse der Behandlung mit Hormonpräparaten hingestellt werden. „Die DDR wurde ihrer jüngsten Erfolge nicht mehr froh, die Seriensiege

2 Sportillustrierte, München, Nr. 13/72.

bei den Weltmeisterschaften der Schwimmer und im Leichtathletik-Europapokal werden vom Makel des unlauteren Wettbewerbs bedeckt. Denn ein unbekannt gebliebener Schwimmtrainer aus dem Ostblock plauderte in Belgrad der Pariser Sportzeitung ‚l'Equipe' gegenüber aus, was schon lange vermutet worden war: Die Spitzensportler in der DDR bedienen sich der männlichen Hormonpräparate (Anabolika) und sonstiger Dopingmittel zum Zwecke der Leistungssteigerung — zu Wasser und zu Lande... Die westliche Welt, die das Individuum über das Kollektiv stellt, wird hier und da ausscheren. So gibt es schon heute kein einziges Nachwuchstalent mehr unter den bundesdeutschen Kugelstoßern und -stoßerinnen. Die jungen Leute verzichten eben auf den ‚Einstieg' in Sportarten, die wie geschaffen scheinen für den Anabolikamißbrauch."[3] Diese Diffamierungen sind kaum durch den medizinischen Beweis zu entlarven, denn Anabolika sind bei der Anwendung der herkömmlichen Doping-Test-Verfahren nicht nachweisbar.

Schmierige Kampagne von „Bild"

Bis auf wenige Ausnahmen führen Frauen im Sport der BRD ein Schattendasein. Weltmeisterschaften der Frauen im Hallenhandball zum Beispiel finden in der bürgerlichen Sportpresse nur am Rande statt. Kugelstoßerinnen müssen sich nach einem Rekord durchaus auf süffisante Bemerkungen (Tenor: „Kraftweiber") in den Sportseiten gefaßt machen, und als im „Sportstudio" des ZDF erstmals eine Frau die Sendung moderierte, war für die Bildzeitung eine schmierige Kampagne fällig, die denen im „allgemein-politischen" Teil in nichts nachsteht. Pech für „Bild am Sonntag" allerdings ist der ungünstige Drucktermin dieses Blattes. So ging die Meinung des Bild-Reporters Michael Bernhard zur Moderation von Carmen Thomas im ZDF-Studio schon in Druck, noch bevor die Sendung überhaupt ausgestrahlt war: „Hut ab, Carmen Thomas! Sie haben Mut bewiesen. Sie sind als erste Frau in eine männliche Domäne eingebrochen und haben gestern abend zum zweiten-

3 Westdeutsche Allgemeine Zeitung, Essen, vom 21. September 1973.

mal das ZDF-Sportstudio moderiert. Gemessen wurden Sie an Ihren männlichen Kollegen, und Sie haben es nicht schlecht gemacht — ein Kompliment für Sie. Dennoch — ich habe zwar aus Sympathie für Sie mitgezittert, aber überzeugen konnten Sie mich nicht. Ich finde, das Sportstudio sollte Männersache bleiben. Denn Sport ist im wesentlichen nun einmal die Spielwiese des männlichen Geschlechts."[4]

Sheriff der Sporthilfe

Karl-Adolf Scherer, Redakteur des Düsseldorfer Sport-Informationsdienstes (sid) sah sich genötigt, gegen den Gewichtheber Rudolf Mang zu Felde zu ziehen, weil dieser sich trotz „Sporthilfe" in einer vorübergehenden Leistungskrise befand. Was sich Scherer, einer der Ideologen der bundesdeutschen Sportpublizistik, in einem offenen Brief an Mang leistete, ist zweifellos ein Kleinod des bürgerlichen Sportjournalismus. Der Brief des Sporthilfe-Sheriffs Scherer wurde in der „Sportillustrierten"[5] abgedruckt; ebenso die Antwort des Adressaten.

„Lieber Herr Mang,

verschiedene Ereignisse der letzten vierzehn Monate, die den bundesdeutschen Gewichthebersport, den Trainer Josef Schnell, den Bundestrainer Tommy Kono, den einstigen Olympiatrainer Wolfgang Peter, den Verband mit seinem glücklosen Vorstand, die Gemeinde Bellenberg, die bayerische Heberzunft, Sie selbst vor allem und am Rande auch mich, den dem Gewichthebersport seit zwanzig Jahren verbundenen Journalisten, betreffen, haben mich bewogen, diesen offenen Brief zu schreiben. Es geht mir dabei nicht um die spektakuläre Aufhellung irgendwelcher Interna, sondern um die Darlegung meiner Ansichten über den durch Rudolf Mang personifizierten bundesdeutschen Gewichthebersport.

4 Bild am Sonntag, Hamburg, vom 3. Februar 1973.
5 Sportillustrierte, München, Nr. 2/71.

Sie erinnern sich nicht mehr an Remscheid 1966? Damals sah ich Sie zum erstenmal. Sie wurden Juniorenmeister mit 450,0 kg, und wenn Sie die Nummer 19 der Fachzeitschrift ‚Athletik' aus jenem Jahr aufschlagen, dann finden Sie eine Betrachtung über das große Talent Rudolf Mang, ein Porträt, das den damals 16jährigen Juniorenmeister erstmals über den Allgäuer Rahmen hinaus bekanntmacht und in dem es am Ende schon heißt: ‚Rudolf Mang ist die große Prüfung für den deutschen Sport. Die Zukunft des Talentes hängt von Betreuung und pädagogischer Hilfe ab.'

Bin ich deshalb Ihr Gegner, weil ich Ihre Zukunft vorausgesagt habe? Weil ich schon damals Ihre Krisen ahnte? Sie selbst tragen die geringste Schuld an der Entwicklung nach Mexiko 1968. Schuldig ist Ihre Umgebung: Die Freunde in Bellenberg, die nicht verstehen, daß 200 kg in Columbus schwerer sind als im heimischen Gasthaus, der unbelehrbare Betreuer Josef Schnell, der auf der letzten Strecke, die ein Betreuer mit seinem Schützling auf dem Weg zur Weltklasse zurücklegen muß, keinen Atem mehr hat, der Bürgermeister von Bellenberg und die anderen Vaterfiguren, die in Ihnen den ‚Buben' sehen, den sie hätscheln, hegen und vor einer angeblich feindlichen Umwelt schützen müssen.

Wir haben in Kassel, als Sie Deutscher Meister wurden, miteinander gesprochen, und ich erinnere mich gerne des Abends im Presserestaurant des Olympiadorfes in Mexiko, als Rainer Dörrzapf, Sie und ich lange zusammensaßen. Damals waren sie 18 Jahre alt, Junioren-Weltrekordmann, Olympia-Fünfter mit 525,0 kg. Die 525,0 kg waren der Höhepunkt Ihrer sportlichen Karriere. Was danach kommt, zählt für mich nicht mehr.

Ihre beste internationale Leistung sind die 535,0 kg von Warschau 1969 — eine Last, über die zu reden nicht lohnt, weil sie in Beziehung zu dem olympischen Anspruch steht, den Ihr Trainer Josef Schnell jahrelang erhoben hat. Die 570,0 kg in Bellenberg zu Beginn des Jahres 1971 sind eine Zahl in der Statistik. Für Ihre Umgebung waren sie der Anfang vom Ende. (Hervorhebung durch d. Verf.)

Die pädagogische Hilfe, von der ich 1966 gesprochen habe, ist Ihnen nie zuteil geworden. So gingen die Lasten, die Sie hoben, über Ihre Kräfte. Der ewige Kreislauf von Schlaf, Essen und Training, die Bedrohung durch die Hantel und die Proteine beengt Sie. *Die Unterstützung, die Sie erfahren, verpflichtet Sie. Hat Ihnen noch niemand gesagt, daß Sie zuviel bekommen und zuwenig geben?*

Sie wollen frei sein? Ein herrlicher Wunsch! Verzichten Sie auf die Förderung, gehen Sie einer geregelten Arbeit nach. Vielleicht sehnen Sie sich dann eines Tages wieder wirklich nach dem Eisen. Und dann können Sie Gewichtheben betreiben, wie es Ihnen gefällt. Unabhängig und privat. In Bellenberg und Umgebung. Für den Applaus. (Hervorhebung durch d. Verf.)

Sollten Sie aber noch größere sportliche Pläne haben, dann verlassen Sie Bellenberg, gehen Sie nach Wolfsburg oder Mannheim. Sie werden 21 Jahre alt, ein guter Zeitpunkt für einen neuen Lebensabschnitt in Beruf und Sport.

Es wäre schön, wenn es 1972 einen Olympiakämpfer Rudolf Mang gäbe. Der bundesdeutsche Gewichthebersport aber lebt auch weiter ohne Sie. Sie haben das Recht, Ihre ganz persönliche Entscheidung zu fällen — mit einer kleinen Verpflichtung allerdings, sich nach allen Ereignissen dieses Recht jetzt und sofort zu nehmen. Der Respekt wäre Ihnen sicher.

Ihr Karl Adolf Scherer“

Eine Bemerkung am Rande: Interessant, wie Herr Scherer hier zugibt, das 16jährige Talent Rudolf Mang seinerzeit im Stile der Sensationspresse hochgejubelt zu haben — und wie er ihm dann vorwirft mit dem — nicht zuletzt von ihm, Scherer, verschuldeten — Ruhm als Belastung nicht fertiggeworden zu sein. Jedermann weiß, daß Mang inzwischen Olympia-Zweiter, Weltmeister geworden ist — sicherlich *trotz* solcher Journalisten wie den Herrn Scherer. Lesen sie den damaligen Antwortbrief von Mang.

(Über Mangs Antwort wird bei den Sportjournalisten noch heute — zu Scherers Leidwesen — geschmunzelt):

„Sehr geehrter Herr Scherer,

es ist eigentlich sehr verwunderlich, wenn sich ein Fachjournalist und ein Sportler in offenen Briefen ihre Meinung sagen müssen. Es sollte doch so sein, daß bei den zahlreichen Gelegenheiten, die sich ja in einem Sport-Jahr ergeben, der Kontakt hergestellt werden müßte. Aber was unsere Beziehungen betrifft, so mag ein Beispiel die Situation genau treffen:
Ich erinnere mich noch genau an jenen Abend im Presserestaurant des Olympischen Dorfes in Mexiko, als ich mit meinem Mannschaftskameraden Rainer Dörrzapf allein an einem Tisch saß und Sie mit einigen Kollegen in den Raum kamen. Sie gingen an die Bar und blickten einige Male verlegen zu mir herüber, ohne allerdings ein Wort mit mir zu sprechen.
Ich darf Ihnen gestehen, daß wir Ihr Verhalten etwas belächelt haben, denn den Grund konnten wir uns denken. Ich hatte im Dreikampf 525 Kilo geschafft und damit den fünften Platz als damals 18jähriger erreicht. Sie aber hatten in den ganzen Monaten zuvor geschrieben und auch öffentlich gesagt, daß ich in Mexiko keine 500 kg schaffen würde. Aber man kann sich ja mal irren.
Allerdings irren Sie sich um meine Person allmählich etwas zu häufig. Ich weiß nicht, was der Grund für Ihre Aversion gegen mich ist, aber es ist doch recht seltsam, wie Sie schon seit Jahren in deutschen Tageszeitungen und Sportblättern über mich urteilen. Und das alles gewissermaßen vom grünen Tisch aus, denn ein intensives Gespräch, geschweige denn einen Besuch bei mir in Bellenberg, haben Sie noch nicht für notwendig befunden.
Vor allem muß einmal dies mit aller Deutlichkeit gesagt werden: In Bellenberg hindert mich niemand an meiner persönlichen Entfaltung, am wenigsten mein Trainer Josef Schnell, noch meine Freunde aus Bellenberg. Aber das würden Sie mir ja nicht abnehmen, auch wenn ich es seitenlang begründen würde. Fest steht aber, daß mir niemand hier einen Stein in den Weg legen würde, wenn ich weg wollte.
Aber das mag für Sie eben eine Frage der Optik sein. Aber glauben Sie mir eines: Nicht nur in Großstädten wohnen

Leute, die das Denken gelernt haben, Gestatten Sie mir hier eine Anmerkung: Bellenberg liegt in Schwaben und nicht, wie Sie seit jeher schreiben, im Allgäu. Dabei will ich nichts gegen das Allgäu gesagt haben, denn ich ernähre mich zu einem großen Teil von Milchprodukten.

Sie haben wiederholt geschrieben, daß ich seit Mexiko keine internationale Leistung mehr gezeigt habe. Das ist einfach nicht wahr!

Auch wenn Sie den einzigen Klassensieg, den ich 1969 im Donaupokal für die Deutsche Meisterschaft holte und im Juni 1969 die vier Junioren-Weltrekorde und die 540 kg bei der Deutschen Junioren-Meisterschaft nicht anerkennen, so müssen Sie doch wenigstens den 5. Platz bei den Weltmeisterschaften in Warschau und den 3. Rang im Reißen bei der Europameisterschaft — damals war ich 19 Jahre alt — anerkennen. Vor Warschau hatte ich sogar während einer Krankheit 14 Pfund Gewicht verloren und befand mich außerdem noch in der Lehrzeit als Radio- und Fernsehtechniker.

Es stimmt einfach nicht, daß 200 kg in Columbus schwerer sind als in Bellenberg. Ich habe gute Nerven und lasse mich ohnehin von einer Atmosphäre, wie sie bei einer Weltmeisterschaft zum Beispiel herrscht, noch zusätzlich stimulieren. Ich verletzte mich in Columbus, daraus kann man doch einem Sportler keinen Vorwurf machen!

Unter dem Anschein seriöser Berichterstattung schrieben Sie wiederholt Falsches: So prägten Sie vor einem halben Jahr das Wort ‚Mang-Zirkus' und gaben den Anschein, als ob ich von Dorf zu Dorf ziehen würde, um meine Kräfte zu zeigen. Tatsache ist, daß ich 1970 nur zweimal bei Veranstaltungen teilnahm, die nicht vom Verband organisiert waren. Das war der Rekordabend in Bellenberg und eine Wohltätigkeitsveranstaltung in Ebingen. 1969 nahm ich lediglich an einigen Pressesportfesten teil. Wenn der Verband mich rief, dann sagte ich eben immer nur dann ab, wenn der Termin überhaupt nicht in meinen Trainingsaufbau paßte, oder bei Verletzung. Auf jeden Fall gab es immer einen stichhaltigen Grund.

Ich bin jetzt 20 Jahre alt und habe sehr schnell lernen müssen, daß Sport heute nicht nur aus Training und Wettkampf besteht. In diesem Alter hat man noch genug mit sich selbst zu tun, aber die Gesellschaft drängt heute einen Spitzensportler in eine Rolle, die nicht jeder gleich zu spielen vermag. Ich bemühe mich ernsthaft, habe gelernt, Kritik zu ertragen und weiß meine Situation sehr gut einzuschätzen. Ich trainiere wirklich nicht täglich drei Stunden, um Ihnen einmal zu beweisen, daß mein Weg richtig war. Aber sollte es mir einmal gelingen, so dürfen Sie mir meine Schadenfreude nicht verdenken.

Ihr Rudolf Mang"

DDR-Sport durch die Klo-Brille betrachtet

Niemand versteht es so meisterhaft wie der RIAS-Journalist Willi Knecht (wir versagen uns hier ein Spiel mit seinem Namen), unablässig bürgerliche „Wahrheiten" über den realen Sozialismus aus „sportlicher Sicht" dem interessierten Leserpublikum nahezubringen. Aus seinem Bericht über einen Schwerpunkt des DDR-Leistungssports, Potsdam, nachstehend eine Kostprobe: „. . der sportlich interessierte, ortsunkundige Tourist registriert das geschwungene D, Erkennungsmarke des Sportclubs Dynamo, und das Emblem des Deutschen Turn- und Sportbundes. Von einem Schritt zum anderen offenbaren sich Widersprüchlichkeiten des DDR-Daseins: Rücklings die abgebröckelten Fassaden ungepflegter Mietshäuser, in deren grauer Trostlosigkeit schneeweiße Gardinen wie ein Protest wirken, vorn das unübersehbare Gütezeichen DTSB, Symbol für internationale Meisterschaften, Rekorde und Olympiamedaillen. Im Vergleich zu den zerborstenen, sandigen Bürgersteigen der Nebenstraßen versinnbildlicht die schmucke Stadionlaufbahn die systembedingte Hochschätzung des Sports . . . Doch der Glanz der von Sportlerinnen und Sportlern mit der Herkunftsbezeichnung Potsdam gewonnenen Medaillen vermag die Stadt selbst und das Alltagsleben ihrer Bürger nicht zu vergolden. Die wenigen liebevoll renovierten Barockfassaden vertiefen nur den Kontrast zu den vielen reparaturbedürftigen Häusern; die sensationell niedrigen Mieten faszinieren nur denjenigen, der nicht weiß, wie schwierig es ist, notfalls einen neuen Toilettendeckel zu erhalten ...“[6] Diese Artikel lassen sich in den Schubladen der bürgerlichen Sportredaktionen aufbewahren. Nach jedem Erfolg der DDR-Athleten können sie dann hervorgekramt und veröffentlicht werden.

Stiefkind Breitensport

Die Möglichkeit, den Spitzensport mit dem Breitensport publizistisch zu verbinden, wird von der Sportpresse in der BRD nicht wahrgenommen. Spitzensport als Motor für den Breitensport zu nutzen würde zur Folge haben, daß der Druck von der Basis der Sporttreibenden für mehr und bessere Sportanlagen in den Kommunen noch stärker würde. Horst-Dieter Kreidler hat die Situation in der „Zeit“[7] völlig richtig dargestellt. In seinem Artikel „Warum immer Heide Rosendahl?“ heißt es:

„Keineswegs soll hier die zweifache Sportlerin des Jahres 1972 in Frage gestellt werden, wer hätte diese Auszeichnung auch mehr verdient als die Athletin mit der besten Weitsprungserie von München, jene zweitbeste Fünfkämpferin und nicht zuletzt die bewundernswerte Schlußläuferin in der Viermal-100-m-Goldstaffel von München, eben jene außerordentliche Leichtathletin Heide Rosendahl. Etwas anderes soll hier in Frage gestellt werden: Warum müssen die Berühmten im Sport, müssen die Rosendahl, Keller, die Beckenbauer, Müller, die Mickler-Becker und Pflug immer noch berühmter gemacht werden, die Sportseiten der Massenmedien ausschließlich beherrschen? Immer sind es dieselben Namen in den Sportzeitungen, dieselben Gesichter in den Fernsehinterviews.

Wie wär's denn, würde man einmal Sportler nicht von der allerhöchsten Stufe des Spitzensports präsentieren, sondern von einer Etage tiefer, wo all jene zu Hause sind, die mit etwas weniger Talent und weitaus weniger günstigen materiellen Bedingungen ausgestattet sind, indessen ebensoviel Schweiß bei ihren Trainingsprogrammen vergießen. Es wäre doch wohl mehr als nur eine lohnende Abwechslung von den Topstars,

---

6 Sportinformationsdienst — sid —, Düsseldorf, vom 30. Mai 1972.
7 Die Zeit, Hamburg, vom 11. Mai 1973.

sondern auch höchst aufschlußreich und überdies fair für die vielen Athleten von Kiel bis Konstanz, einmal den Alltag von zwei Sportlerinnen und Sportlern zu zeigen. Den Alltag der jungen Verkäuferin, die erst ab 18 Uhr auf dem Waldsportplatz Zeit findet, ihren Flop-Stil zu verbessern, mit dem sie sich immerhin schon auf die für eine Juniorin vorzügliche Höhe von 1,71 m gesteigert hat und nicht irgendwo in der Bestenliste des DLV gesucht werden muß.
Oder den Schulalltag jener Sportlehrerin, die schon seit Jahren im Speerwerfen württembergische Meisterin ist. Das unverdrossen durchgehaltene Trainingspensum des 3000-m-Hindernisläufers, dem man bei Wind und Wetter in den Wäldern begegnen kann und der bedingungslos hart gegen sich selbst ist, ohne indessen die Hürde zum Spitzensport jemals überspringen zu wollen und vielleicht auch zu können, dessen ganzer Lohn die Landesmeisterschaft und ‚nur' ein 3. Platz bei den ‚Süddeutschen' gewesen ist und dem niemals das Necker-Manna in Strömen zuteil wird. Und sollte man nicht jenen Schüler der 10. Gymnasialklasse, 1500-m-Kraul-Schwimmer und Vierter bei den Landesmeisterschaften, während des Sportunterrichts zeigen, wenn ihn sein einsichtiger Sportlehrer gewähren läßt, immer und immer wieder die Rollwende allein zu üben.
Zwar nimmt man den Mund vom Breitensport recht voll, läßt aber Zeitungen und Fernsehprogramme, die sich ja gerade an die breite Masse wenden, völlig leer davon. Immer nur Präsentation von Spitzenleistungen der Spitzenstars, mit denen man sich zwar identifizieren kann, deren unerreichbare Höchstleistungen jedoch keinerlei Aufforderung zu eigenem Tun mehr haben, worauf in dieser bewegungsarmen Zeit alles ankommt."

9. Sport als Entwicklungshilfe

„Kein Land hat je versucht, so viel für die Entwicklung des Sports auf unserem Kontinent zu tun wie die Bundesrepublik Deutschland."[1] Dieser Satz stammt von Fekrou Kidane, Generalsekretär des Afrikanischen Sportkomitees Journalisten-Union. Dieser Satz, so deutlich die Aussage zunächst auch erscheint, stimmt nicht. Denn im Jahre 1972 stieg der Etat für „Sport-Entwicklungshilfe" im Ministerium für Wirtschaftliche Zusammenarbeit auf ganze zwei Millionen Mark — damit kann man nicht viel Staat machen.

Sollte man meinen. Aber das Kompliment Kidanes beweist das Gegenteil. Gerade die Experten auf dem Gebiet der Entwicklungshilfe im Sport verstehen sich auf das Geschäft, mit möglichst geringen Mitteln einen größtmöglichen Propagandaeffekt herauszuholen.

In demselben Referat, in dem Fekrou Kidane den oben zitierten Ausspruch tat, stellte er — 1972 auf einem Seminar in der Evangelischen Akademie Tutzing — fest: „Ich sähe es gerne, wenn Firmen wie Adidas und andere sich auch im Hinblick auf ihre wirtschaftlichen Interessen mehr auf ein technisches Hilfsprogramm verlegen würden. Sicher sind schon Bestrebungen im Gange, und einige Hersteller von Sportartikeln haben Nationalmannschaften ausgerüstet, aber das geschieht oft nur aus Gründen der Werbung."[2]

Den Hintergrund solcher Aktivitäten klärt der Journalist Klaus Ullrich in einem Bericht von den II. Afrikanischen Spielen in Lagos (Januar 1973) so auf : „Daß in den wenigsten afrikanischen Staaten auch heute noch kaum Aschenbahnen existieren, ist allein das Resultat des brutalen imperialistischen Kolonialismus, der es sich vor 40 Jahren sogar noch leisten konnte, die vom Internationalen Olympischen Komitee unterstützten I. Afrikanischen Spiele in Alexandria durch einen Befehl verbieten zu lassen. Sportliche Vergleiche führen zum Zu-

---

1 „Hilfe für Entwicklungsländer durch den Sport", Referat von Fekrou Kidane vor der Evangelischen Akademie Tutzing, 27. Mai 1972.

2 Ebenda.

sammentreffen vieler junger Menschen, worin die Kolonialmächte eine Gefahr für ihre Herrschaft sehen. Nun, da der offene Kolonialismus gescheitert ist und von den Vereinten Nationen weltweit verurteilt wurde, da fast alle afrikanischen Völker ihre Unabhängigkeit erzwangen, geht man andere Wege. Zum Beispiel auch in der Branche, die mit der Herstellung von Sportschuhen Profit zu machen pflegt.

In Lagos waren auch die großen Sportschuhfirmen mit ihren Mannschaften vertreten und sahen ihr einziges Anliegen darin, alle Favoriten rechtzeitig ‚einzukleiden'. War das eine echte Hilfe? Keineswegs, denn wollte man der afrikanischen Leichtathletik helfen, müßte man ihr beim Bau von einfachen Anlagen behilflich sein, müßte man helfen, Trainer und Übungsleiter auszubilden ... Für sie (die Sportschuh-Reklamechefs, d. Verf.) ist ein afrikanischer Athlet überhaupt erst dann interessant, wenn man an seinen erfolgreichen Füßen die Marke X erkennt."[3]

Doch nicht nur die Sportartikelfirmen wollen mit ihrer „Hilfe" für den Sport in der Dritten Welt in erster Linie Werbung betreiben. Kaum etwas anderes steht etwa hinter einem Projekt in Lagos, wo die Bundesrepublik eine Tartan-Bahn installierte. Wieviel normale Bahnen hätte man dafür anlegen können! Minister Eppler selbst erkannte in seinem Referat in der evangelischen Akademie Tutzing: „Die geforderte olympische Solidarität, die zur Chancengleichheit für die Entwicklungsvölker beitragen soll, bleibt jedoch ein schönes Schlagwort, solange die Zusammenarbeit in der sportlichen Entwicklungshilfe klarer Vorstellungen ermangelt und sich auf die Unterstützung von Prestigeobjekten beschränkt, die nicht Schrittmacher für den Breitensport sind."[4]

An erster Stelle der Entwicklungsmaßnahmen auf dem Gebiete des Sports steht nach einer Mitteilung des Eppler-Ministeriums die „Entsendung von deutschen Trainern, Sportlehrern und Sportmedizinern".[5] Welche Funktion diese Trainer in den Ländern der Dritten Welt haben, sprach der Fußballtrainer Michael Mohr aus, der jahrelang in Afrika tätig war. „Mich

---

3 Unsere Zeit, Düsseldorf, Nr. 6/1973.
4 Sport-Informations-Dienst, Düsseldorf, 28. 5. 1972.
5 SPD-Pressedienst, 13. 6. 1972.

rief der deutsche Botschafter an und fragte, warum in dieser Woche nichts über mich in den einheimischen Zeitungen gestanden habe. Dabei kann ich meine Aufgabe nur dann richtig erfüllen, wenn ich als Nationaltrainer im Hintergrund stehe."[6]
Der damalige Ministerialdirektor Hans Georg Steltzer führte in Tutzing aus, welchen Nutzen er in der Sporttätigkeit bundesdeutscher Vertreter in Entwicklungsländern sieht. Stolz berichtete er, wie vorteilhaft es für die Bundesrepublik ausgesehen habe, als bei einem Fußballspiel mit einem BRD-Klub sechs Minister des Gastgeberlandes im Stadion anwesend waren.
Den Grund für solche Aktivitäten verriet anläßlich der Afrikanischen Spiele der Sportjournalist Ernst-Dieter Schmickler im SPD-Pressedienst: „Mit einer nicht zu unterschätzenden sportpolitischen Taktik hat sich auch die DDR im westafrikanischen Raum beachtlichen Einfluß gesichert. Dies geschieht vorrangig im personellen Bereich durch die Ausbildung von Sportpädagogen und Trainern. Während möglicher Dopingmißbrauch bei den II. Pan-afrikanischen Spielen 1973 nicht durch Sportmediziner aus der Bundesrepublik, sondern durch eigene afrikanische Kräfte festgestellt und geahndet werden soll, wird sich die Ostberliner Sportführung einem Sonderkurs in afrikanischer Mentalität unterziehen müssen: Vertreter des DDR-Sports hatten die Choreographie der ‚afrikanischen Eröffnungs- und Schlußfeier' am 7. und 18. Januar 1973 im Zentralstadion von Lagos übernommen. Die Hürden dagegen, die die Leichtathleten im Stadion zu überwinden haben, kommen aus der Bundesrepublik."[7]

Die Bundesrepublik führt also auch auf dem Gebiet der Sportentwicklungshilfe einen erbitterten Kampf gegen die DDR. Eindeutig kann man dies aus der Aussage des Sportlehrers Asuramuni Perera aus Sri Lanka ablesen. Perera studierte bis 1973 insgesamt sechs Jahre an der Hochschule für Körperkultur und Sport (DHfK) in Leipzig. Er führte aus: „Die DDR hat der Regierung in Sri Lanka diesen Studienplatz angeboten, wir haben akzeptiert. Übrigens: Einen Tag, nachdem die Regierung dementsprechend entschieden hatte, wurde der Bot-

6 Nach: Sport-Informations-Dienst, Düsseldorf, 31. 5. 1972.
7 SPD-Pressedienst, 9. Jan. 1973.

schafter der BRD vorstellig und protestierte dagegen. Nachher hat uns die BRD dann einen Trainerlehrgang angeboten, aber unter eindeutig politischen Vorbedingungen. Das hat die Regierung abgelehnt."[8]

Mit *einem* Land in Afrika hat die Bundesrepublik solche Probleme nicht: mit Südafrika. Das Rassisten-Regime, international von den meisten Staaten isoliert, hat nicht nur regelmäßigen Besuch des CSU-Vorsitzenden Franz Josef Strauß aufzuweisen. Regelmäßig auch treten bundesdeutsche Sportler im Lande der Apartheid an — gegen weiße Sportler natürlich, denn die Einheimischen sind vom Sportbetrieb isoliert.

Da Südafrika von den All-Afrikanischen Spielen in Lagos — genau wie von den Olympischen Spielen — ausgeschlossen blieb, richtete das Land der Rassentrennung 1973 in Pretoria sogenannte „Südafrikanische Spiele" aus. Auf dieser Veranstaltung waren zur Demonstration erstmals auch farbige südafrikanische Sportler startberechtigt, denen vorher und nachher solche Beteiligungen strikt verwehrt wurden (das Beispiel der Olympischen Spiele 1936 und der Teilnahme der Juden ist ja bekannt genug).

Der Versuch des Rassisten-Regimes, sich international hoffähig zu machen, wurde von den meisten Staaten mit einem Boykott der Veranstaltung beantwortet — nicht so von der Bundesrepublik (und ganzen vier weiteren Staaten)!

In einem Telegramm an das Olympische Komitee der Bundesrepublik protestierte der Oberste Afrikanische Sportrat gegen diese Tatsache. Die Teilnahme an den Spielen ermuntere zur Fortsetzung der Rassendiskriminierung im südafrikanischen Sport. Der Sportrat forderte das Olympische Komitee auf, bei den Sportverbänden die Absage der Teilnahme in Pretoria zu erwirken.[9]

Das NOK und der DSB hatten schon 1970 in laschen Erklärungen ihre Mitgliedsverbände aufgefordert, „sich beim Sportverkehr mit Südafrika Zurückhaltung aufzuerlegen".[10] Doch so wenig dies in der Vergangenheit genutzt hatte, so wenig Auswirkungen hatte die Empfehlung 1973: Hockeyspieler, Schwim-

---

8 Unsere Zeit, Düsseldorf, Nr. 3/1973.

9 Allgemeiner Deutscher Nachrichtendienst, Berlin/DDR, 14. 3. 1973.

10 Frankfurter Rundschau, 16. 3. 1973.

mer, Wasserballer, Leichtathleten und Turner flogen nach Südafrika.

10. Sport und Bundeswehr

Es gibt kaum ein Gebiet des sportlichen Lebens in der Bundesrepublik, über das so wenig veröffentlicht wird, wie über den Sport in der Bundeswehr. Diese Tatsache steht in offensichtlichem Mißverhältnis zu der Wertschätzung, die dem Sport von den Militaristen entgegengebracht wird.

Nach der „Zentralen Dienstvorschrift (ZDV) 3/10, Sport in der Bundeswehr"" werden dem Sport, neben der Selbstverständlichkeit, daß er gesund erhält, noch die Fähigkeiten zugesprochen, „Gewandtheit, Schnelligkeit, Kraft und Ausdauer" zu fördern. Diese Eigenschaften werden in der Bundeswehr natürlich gebraucht. Aber mittels des Sports soll noch mehr erreicht werden. Sport härtet nämlich, so die ZDV, „den Willen zur Leistung, stärkt das Selbstvertrauen und hilft, das Maß für das eigene Leistungsvermögen zu finden." Sport macht Soldaten zu besseren Untertanen: Er „erzieht zur Selbstzucht" und dient dem Soldaten, sich in die „Gemeinschaft" einzuordnen. Schlägt nach solchen Wundereigenschaften schon das Herz jedes Bundeswehr-Generals hoch, so ist die Krönung damit erreicht, daß Sport auch das Gefühl für „Manneszucht, Kameradschaft und Ritterlichkeit" weckt und festigt. Damit auch die Soldaten davon etwas haben, wird dann in einem Anhängsel noch zugestanden, daß Sport „darüberhinaus" auch „Freude und Entspannung" schenkt.[1]

In weniger heroischen Worten, dafür aber klarer und noch entlarvender hat der ehemalige Bundesverteidigungsminister Kai Uwe von Hassel die Funktion des Sports in der Bundeswehr dargelegt: „Der Sport ist ein Mittel der militärischen Erziehung und Ausbildung; er bekommt aber dadurch ein besonderes Gewicht, daß er Anlagen im Menschen fördert, die für den Soldaten im Hinblick auf die Vorbereitung für seine Verteidigungsaufgabe und auf seine Einordnung in die staatliche Gemeinschaft besonders wertvoll sind. Der Sport erhält gesund, er fördert die Gewandtheit und die Schnelligkeit."[2]

---

1 Nach: Sportillustrierte, München, Nr. 2/1971.
2 Ebenda.

Sport in der Bundeswehr hat zwei Aspekte: Hauptzweck ist natürlich die aus den obigen Zitaten ersichtliche sportmilitärische Ausbildung der Soldaten. Als Zweites kommt die Mithilfe der Bundeswehr bei der aus nationalistischen Gründen erfolgenden Hochzüchtung des Spitzensports hinzu.

„Die Öffentlichkeit und die Bundeswehr können mit den sportlichen Erfolgen, die im vergangenen Jahr durch die wehrpflichtigen Spitzensportler erreicht wurden, sehr zufrieden sein", schrieb 1971 das Mitglied im Verteidigungsausschuß des Bundestages, Klaus Richter (SPD).[3] Ein Jahr später konnte die Öffentlichkeit noch zufriedener sein: Kaum eine Zeitung vergaß nach dem Olympiasieg des Gehers Bernd Kannenberg zu erwähnen, daß der Leichtathlet als Offizier der Bundeswehr diente. Er selbst verkündete damals: „Es ist schon eine besondere Sache, als Bundeswehrsoldat auf dem Siegertreppchen das Deutschland-Lied zu hören!"[4]

Insgesamt werden bei der Bundeswehr 430 Plätze für Spitzensportler freigehalten. Über die Stellung der Spitzensportler gibt es konkrete Vereinbarungen zwischen der Bundeswehr und dem Deutschen Sportbund.

Darin wurden u. a. folgende Regelungen festgelegt: „Die Sportfachverbände beantragen über den Deutschen Sportbund beim Bundesverteidigungsministerium die Aufnahme ihrer wehrpflichtigen Spitzensportler in eine Lehrkompanie/Fördergruppe. Für Spitzensportler, die sich vor oder während des Grunddienstes freiwillig auf zwei Jahre verpflichten, ist die Aufnahme oder der Verbleib in einer Lehrkompanie/Fördergruppe ebenfalls möglich.

Das sportliche Training umfaßt 70 Prozent, der militärische Lehrstoff 30 Prozent des Dienstes. Besondere Ausbildungsrichtlinien wurden bereits erlassen. (Hervorhebung durch d. Verf.) Die Sportfachverbände sorgen im allgemeinen auf ihre Kosten für die Hin- und Rückbeförderung der Spitzensportler zum Training und zu den von ihnen ausgeschriebenen Wettkämpfen."[5]

---

3 SPD-Pressedienst, 3. Mai 1971.
4 Unsere Zeit, Düsseldorf, Nr. 18/1973.
5 SPD-Pressedienst, 3. Mai 1971.

„Für jeden wehrpflichtigen Spitzensportler ist für die Dauer der Zugehörigkeit zu einer Lehrkompanie/Fördergruppe täglich ein Verpflegungszuschuß bereitzustellen.
Spitzensportler können in einem Unteroffizierlehrgang zum Unteroffizier ausgebildet und gemäß den Personalbestimmungen zu diesem Dienstgrad befördert werden."[6]
Seit 1957 verfügt die Bundeswehr über eine spezielle Sportschule. Hauptaufgabe dieser Schule ist nicht die Förderung des Spitzensports (das fällt noch so „nebenbei" ab), sondern die „Ausbildung von Soldaten zu Sportleitern, die in ihren Einheiten den Sport zu leiten haben".[7]
Hierzu gibt es zwei Lehrgänge. Einmal für „allgemeine Sportleiter" und einmal für „Fach-Sportleiter".
In der Bundeswehr-Schrift „Sportschule der Bundeswehr Sonthofen" heißt es dazu: „Die Lehrgänge für Sportleiter dauern viereinhalb Wochen und erstrecken sich auf die Pflichtsportarten der Allgemeinen Sportausbildung, an der jeder Soldat bis zum vollendeten 49. Lebensjahr teilnehmen muß. Als Pflichtsportarten gelten: Gymnastik mit Gerät, Gymnastik ohne Gerät, Leichtathletik, Turnen, Schwimmen, Boxen, Kleine Spiele, Basketball und Volleyball ... Die Fachsportleiter-Lehrgänge (Dauer zweieinhalb Wochen) geben Sportleitern die Möglichkeit, ihr Wissen auf den verschiedenen Fachgebieten zu vertiefen. Diese Lehrgänge erstrecken sich sowohl auf die Pflichtsportarten als auch auf andere Fachgebiete (Handball, Fußball, Trampolin, Judo und Skilauf)."[8]
1978 will die Bundeswehr in Warendorf „eine der modernsten Sportschulen in der Bundesrepublik" (Frankfurter Rundschau) in Betrieb nehmen.[9] Auf einem 396 000 Quadratmeter großen Gelände wird u. a. auch eine Leichtathletik-Übungshalle mit 400 Meter Kunststoff-Laufbahn (!) und Fangvorrichtungen für Speerwerfen in der Halle eingerichtet. Gesamtkosten dieser aufwendigen Anlage, von der „normale Sportler" nur träumen können: mehr als 50 Millionen Mark!
Diese Planung beweist, welches Gewicht in der Bundeswehr dem Sport mehr und mehr eingeräumt wird.

6 Bundestag-Bulletin, 22. April 1971 / Nr. 60 / S. 627.
7 „Sportschule der Bundeswehr Sonthofen", Sonthofen 1969, S. 10.
8 Ebenda.
9 Frankfurter Rundschau, 26. Sept. 1973.

Zur Zeit wird die allgemeine Sportausbildung in der Bundeswehr noch von vielen Stellen kritisiert. 1971 überschrieb die Münchner Sportillustrierte einen Artikel über dieses Thema: „Hüpfen auf der Stelle“. In dem Text werden die Ausbildungsmethoden an der Bundeswehr-Sportschule hart angegriffen. Offensichtlich von interessierter Seite aus der Bundeswehr heraus initiiert heißt es dort: „Trotz vielfach mangelhafter Vorbildung, Veranlagung, Intelligenz und Interesse muß den Unterführern in wenigen Wochen sportliches Lehrkönnen in sämtlichen Pflichtsportarten eingeimpft werden ... Seit einiger Zeit ist diese Ausbildung auch in die militärische Fortbildung integriert: Jeder Offizier soll zum Sportleiter befähigt sein, jeder Feldwebel zum Hilfssportleiter, jeder Unteroffizier zum Riegenführer. Eine Methode, die nicht unbedingt Qualität bedingt, vornehmlich dann, wenn sie nicht an den Offiziers- und Waffenschulen abgehandelt wird. Denn dort sind immerhin staatlich geprüfte Sportlehrer tätig.“

Die Anstrengungen aber, den Sport perfekter und selbstverständlicher in die Ausbildung der Soldaten zu integrieren, werden weiter gesteigert. Denn noch ist gültig, was Generalmajor Laegeler 1956 in einer Rede so beschrieb: „Ganz allgemein müssen wir daher den Sport auch als dringend nötigen Ausgleich und als Gegengewicht gegen einseitige Inanspruchnahme durch Fahren und Gefahrenwerden ansehen ... Ein Kämpfer, sportlich fit und beweglich, wird auch eher die Forderung nach dem entschlossen und selbständig handelnden Soldaten erfüllen, den wir brauchen und schaffen sollen. Dem Sport im Heere kommt künftig eine höhere Bedeutung zu als in früheren Zeiten.“[10]

Und der Militarist wird von dem bundesdeutschen Sportführer unterstützt. Willi Daume: „Wenn die Bundeswehr es versteht, in den jungen Soldaten die Liebe zu den Leibesübungen zu erwecken, wenn sie sie in ihrem sportlichen Betrieb so anfaßt, wie der Sport es auch im zivilen Leben tut, so kann sie Lebensgewohnheiten festigen, die für das ganze künftige Leben dieser jungen Menschen von großer Bedeutung sind.“[11]

---

10 Nach: Vinnai, Sport in der Klassengesellschaft, S. 86.
11 Nach: Sportillustrierte, München, Nr. 2/1971.

Der Sport wird also auch weiterhin in der Bundeswehr zur militärischen Ausbildung mißbraucht werden. Und Proteste von Seiten der Sportorganisationen sind da kaum zu erwarten, bezeugen doch Leute wie Willi Daume ihre Bewunderung für einen Sportführer namens Carl Diem, von dem das schon zitierte Wort „Krieg ist der Sport par excellence“ stammt. Übrigens, von Willi Daume stammt auch der Satz: „Ich bin glücklich darüber, daß in der Bundeswehr Sport getrieben wird.“[12]

12 Ebenda.

11. Fortschrittliche Sportpolitik in der BRD

Der Stellenwert des Sports

„Den Kampf um eine antimonopolistische Demokratie zu führen, heißt für uns Kommunisten auch, den Kampf um die Demokratisierung des Sports in der Bundesrepublik aufzunehmen.“[1] Diesen Satz sprach die Münchnerin Uli Führer in einem Diskussionsbeitrag auf dem Düsseldorfer Parteitag der DKP aus.
Die Kommunisten in der Bundesrepublik wissen, wie wichtig es ist, auch auf dem Gebiet der Sportpolitik aktiv zu sein. Welche Ziele dabei verfolgt werden sollen, drückte Hermann Gautier als DKP-Präsidiumsmitglied 1971 in einem Interview mit der UZ, Zeitung der DKP, so aus: „Der Sport ist ein fester Bestandteil der gesellschaftlichen Wirklichkeit. Wir sind als politische Partei darum bemüht, daß der Sport in unserer Gesellschaft den Stellenwert erhält, der ihm zukommt. Der Sport ist nicht klassenneutral. Er ist vielmehr ein Bestandteil der Klassenauseinandersetzung zwischen dem Monopolkapital mit seinem staatsmonopolistischen System und der arbeitenden Bevölkerung in der Bundesrepublik. Uns geht es vor allem darum, daß er nicht für die Interessen des Großkapitals mißbraucht wird.“
Natürlich begegnet jede konkrete Sportpolitik in der Bundesrepublik einer Schwierigkeit, die auch in allen anderen politischen Bereichen besteht: Eine grundlegende Änderung der Sportförderung im Interesse der Masse der arbeitenden Bevölkerung ist erst im Sozialismus möglich. Und wird dort auch praktiziert, wie die Beispiele der UdSSR und der DDR beweisen. „Für uns ist allerdings auch klar, daß eine Förderung des Sports, der der Masse der arbeitenden Bevölkerung dient, an politische Verhältnisse gebunden ist, die zu schaffen keine der jetzt im Bundestag vertretenen Parteien gewillt ist. Verhältnisse nämlich, die eine bessere finanzielle Ausstattung der Städte mit sich bringen würden und damit zwangsläufig

1 Nach: Unsere Zeit, Düsseldorf, Nr. 50/1971.

eine Auseinandersetzung mit der Macht des Großkapitals in der Bundesrepublik bedingen", stellte der Vorsitzende des Arbeitskreises Sportpolitik beim Parteivorstand der DKP, Heinz Laufer, im Stuttgarter Stadtrat fest. Der Abgeordnete fuhr dann aber gleich fort: „Dennoch sind — und dafür setzen wir uns ein — auch unter den gegenwärtigen Bedingungen Verbesserungen für den Sport zu erreichen."[2]

Um eine richtige Sportpolitik zu verfolgen, ist es zunächst einmal wichtig, sich den Stellenwert des Sports in unserer Zeit und speziell in unserer Gesellschaft klar zu machen. Die Bedeutung des Sports für die Lebens- und Arbeitsbedingungen von Lernenden und Arbeitenden, von Jung und Alt ist im Laufe der letzten Jahrzehnte ständig gestiegen. Durch die technisch-wissenschaftliche Entwicklung mit all ihren die Lebens- und Arbeitsbedingungen verändernden Auswirkungen muß heute von einer anderen Warte aus gesehen werden, als dies früher der Fall war.

Der Sport muß heute mehr denn je zur Gesunderhaltung beitragen und auch in die Gesundheitsfürsorge mit einbezogen werden. Er muß dazu beitragen, das Leben der lernenden und arbeitenden Menschen vielseitiger zu gestalten, und er spielt in diesem Zusammenhang eine wichtige Rolle für eine richtige Freizeitgestaltung. Der Sport muß dem Wohlbefinden und einer höheren Lebenserwartung dienen.

Deshalb muß der Sport allseitig gefördert werden. Er muß eine Förderung erfahren, die in verschiedenen Formen vor allem direkt an die hauptsächlichen Träger der Sportbewegung, die Turn- und Sportvereine gerichtet sein muß.

Es waren in der Vergangenheit die Vereine in den Städten und Wohngebieten, die sich in erster Linie um den Sport verdient gemacht haben, und es sind auch heute noch die Vereine, die der breiten Masse der Bevölkerung die Ausübung des Sports ermöglichen.

Es muß daher verlangt werden, daß durch den Bau kommunaler Sportanlagen, die die Städte und Gemeinden den Vereinen kostenlos zur Verfügung stellen, die Arbeitsmöglichkeiten der Vereine entscheidend verbessert werden. Außerdem müssen die Vereine mehr als bisher auch vereinseigene

---

2 Original-Redemanuskript.

Sportanlagen bauen können, oder aber Unterstützung erhalten bei der Unterhaltung und dem Ausbau bestehender, vereinseigener Sportanlagen. Dabei muß aber klargestellt werden, daß es gar nichts hilft, wenn den Vereinen empfohlen wird, höhere Mitgliedsbeiträge zu erheben, um ihren Aufgaben gerecht werden zu können, denn damit werden die Möglichkeiten für den Massensport nicht verbessert, sondern eingeengt. Und es ist auch keine Hilfe, wenn die Städte oder die Sportverbände die Vereine dazu veranlassen wollen, sich zu Großvereinen zusammenzuschließen, um damit Sportanlagen und Übungsleiter einsparen zu können. Dies dient erfahrungsgemäß dem Massensport nicht, sondern behindert ihn eher.

Bei der Errichtung von Sportanlagen durch die Kommunen muß mehr als bisher auch auf die Effektivität solcher Anlagen geachtet werden. Heinz Laufer stellte dazu in seiner Rede im Stuttgarter Stadtparlament fest: „Ein einzelner Tennisplatz, auf dem höchstens vier Personen gleichzeitig spielen können, nimmt mehr Platz in Anspruch als ein Volleyball- oder Faustballfeld für zwölf Spieler oder ein Sport-Spielplatz für Kinder. Und außerdem ist dieser Tennisplatz vom ersten Moment an jedem verschlossen, der nicht bezahlt, bzw. nicht bezahlen kann.

Ich bin keineswegs gegen den Tennissport. Aber die schnelle Ausbreitung von Tennisanlagen ist insofern besorgniserregend, als damit große freie Flächen der Benutzung durch die Öffentlichkeit entzogen werden. Flächen, die von der Stadt dem nicht an Vereine gebundenen Jedermannssport zur Verfügung gestellt werden könnten, wie sie das ja auch mit den Trimm-Pfaden tut. Damit würde dem Breitensport ein besserer Dienst geleistet.“[3]

Wichtigste Voraussetzung für eine Verbesserung der Situation im Breitensport der Bundesrepublik ist, daß die Selbständigkeit der Vereine erhalten bleibt und daß nicht in die Leitungstätigkeit der von den Vereinsmitgliedern gewählten Gremien eingegriffen wird. Diese Tatsache muß den Millionen Mitgliedern des Deutschen Sportbundes immer wieder klargemacht werden.

---

3 Ebenda.

Eine solche Selbständigkeit der Vereine ist aber auch für den Leistungssport dringend erforderlich. Spitzenleistungen werden auf die Dauer nur gebracht, wenn sie sich auf eine gesunde und breite Basis stützen können. Deshalb muß das Training der leistungswilligen und leistungsfähigen Sportler weitgehend im eigenen Verein möglich sein. Es könnte dann durch ein Training in einem regionalen Leistungszentrum ergänzt werden, da ja nicht jeder Verein über speziell für den Leistungssport ausgebildete Trainer verfügt.

Mit einer solchen Orientierung wird auch der einseitigen Züchtung von Spitzensportlern entgegengewirkt. Das Beispiel der einseitigen Förderung einer kleinen Sportlerelite durch die Deutsche Sporthilfe — vor allem vor den Olympischen Spielen 1972 in München — ist auch bei weiten Kreisen der Sporttreibenden in unserem Lande auf Ablehnung gestoßen und hat die Bereitschaft für ein vernünftiges Engagement vergrößert. Im Gegensatz zu den Sporthilfe-Ideologen, die nach Medaillen das Prestige der Bundesrepublik hochrechnen, sieht die DKP eine wichtige Aufgabe des Spitzensports darin, daß durch hervorragende sportliche Leistungen und durch große sportliche Ereignisse bei der Jugend Sportbegeisterung ausgelöst werden kann. Auf diese Weise soll der Spitzensport dazu beitragen, den Massensport zu fördern.

Eine andere wichtige Funktion des Leistungssports ist, durch internationale Begegnungen, vor allem durch solche großen Ereignisse wie die Olympischen Spiele, Barrieren zwischen den Völkern abzubauen, die zuvor von nationalistischen und revanchistischen Kräften aufgebaut wurden. Der Leistungssport, die olympische Idee muß mit dazu beitragen, daß die Völker dieser Welt friedlich zusammenleben können.

Sportpolitik der Kommunisten

Die Deutsche Kommunistische Partei konstituierte im Jahr 1970 einen Arbeitskreis Sportpolitik beim Parteivorstand. Im Präsidium war der heutige Stellvertretende Vorsitzende der DKP, Hermann Gautier, verantwortlich für die Sportpolitik.

Noch im selben Jahr wurde ein erster Entwurf von „Leitsätzen der DKP für demokratischen Fortschritt im Sport der BRD“ vorgelegt. Diese Leitsätze wurden im September 1971 auf einem öffentlichen Sportforum in Bremen von insgesamt 250 Teilnehmern diskutiert. Schon an der lebhaften Diskussion der damaligen Veranstaltung zeigte sich, daß die Leitsätze in vielen Punkten ins Schwarze trafen. Das schloß nicht aus, daß auch berechtigte Kritik an verschiedenen Aspekten geübt wurde. Hermann Gautier sagte damals: „Wir sind uns bewußt, daß wir noch am Anfang stehen. Aber wir haben einen wichtigen Anfang auch in der Sportpolitik gemacht. In diesem Sinne begrüßen wir alle Anregungen, die uns auf diesem Weg weiterbringen.“
Rechtzeitig vor den Olympischen Spielen wurde dann eine überarbeitete Fassung der Sportleitsätze der DKP herausgebracht. Die Forderungen, die in diesem Dokument aufgestellt sind, bleiben auch nach Abschluß der Olympischen Spiele — und damit einer wichtigen Etappe in der Geschichte des Sports der Bundesrepublik — voll gültig.
Um der in diesem Buch ausführlich dargestellten Misere im Schulsport zu begegnen, fordert die DKP:

1. In den bestehenden und zu errichtenden Kindergärten ist die Möglichkeit kindgemäßer sportlicher Betätigung zu schaffen. Kindergärtnerinnen sind im Fach Sport auszubilden.

2. Der Sportunterricht in den Grund-, Haupt- und Realschulen, an Gymnasien und Sonderschulen ist zu erweitern, Sport als gleichberechtigtes Fach anzuerkennen. Die DKP fordert die tägliche Sportstunde.

3. Zwei Stunden Berufsschulsport in der Woche sind für jeden Berufsschüler unter fachkundiger Leitung zu gewährleisten. Der systematische und durchgängige Berufsschulsport ist heute dringender als je zuvor, um die körperliche Ausbildung der Lehrlinge sichern zu helfen und um der wachsenden Bewegungsarmut zu begegnen.

4. Der Studentensport muß an Universitäten, Hoch- und Fachschulen einen festen Platz erhalten. Durch ausreichende Sportanlagen und eine genügende Anzahl von qualifizierten Sportlehrern ist den Studenten ein ständiger Anreiz und die Möglichkeit zu sportlicher Betätigung zu geben.

5. Zur Verbesserung des Schul-, Berufsschul- und Universitätssports ist die qualifizierte Ausbildung von Sportlehrern, Trainern und anerkannten Übungsleitern notwendig. Das erfordert die Ranggleichheit von Sportlehrern mit anderen Lehrkräften sowie die Schaffung von gleichberechtigten Fachbereichen der Sportwissenschaft an den Universitäten. Notwendig ist die Errichtung einer genügenden Anzahl von Lehrstühlen für Sportmedizin, um die Ausbildung von Sportärzten zu beschleunigen.

Neben dem Schul- und Hochschulsport wird in den Sportleitsätzen das besondere Gewicht auf den Breiten- und Vereinssport gelegt. Zu diesem Gebiet vertritt die DKP folgende Forderungen:

1. Die Realisierung aller noch ausstehenden Bauten (Spiel- und Sportstätten) aus dem „Goldenen Plan" durch Bund und Länder. Eine Neufassung des Plans mit dem Ziel, den Erfordernissen des breitgefächerten Sports gerecht zu werden.
2. Die Bereitstellung von Mitteln für den Bau, die Erhaltung und Pflege aller Sportanlagen — auch der vereinseigenen, ohne die Verpflichtung einer finanziellen Beteiligung der Vereine.
3. Die Befreiung der Amateurvereine von Pacht- und Mietzahlungen für die Nutzung von Sportanlagen.
4. Die feste Einbeziehung der Bedürfnisse des Sports in die Städteplanung (z. B. Bezirkssportanlagen, zentrale Sportanlagen). Sportanlagen in Neubaugebieten dürfen keine sogenannten Nachfolgeeinrichtungen sein, sondern müssen mit den Wohnungen fertiggestellt werden.
5. Die Befreiung der Amateurvereine von jeglicher Steuerzahlung.
6. Eine regelmäßige gründliche sportärztliche Untersuchung aller aktiven Sportler, mindestens einmal jährlich. Die Anstellung von Sportmedizinern bei allen regionalen Leistungszentren.
7. Ausreichende Mittel für die wissenschaftliche Ausbildung und die Beschäftigung von Sportlehrern, Trainern und Übungsleitern.

Wie auf anderen Gebieten in unserer Gesellschaft, so muß auch im Leistungssport dafür gesorgt werden, daß eine völlige

Chancengleichheit für alle besteht. Dazu gehört, daß die soziale Sicherstellung und berufliche Weiterentwicklung aller Spitzensportler garantiert sein muß. Diese Überlegungen bildeten die Grundlage für die folgenden Forderungen:

1. Eine verstärkte Einrichtung von zentralen und regionalen Leistungszentren durch den Bund — unter Ausschaltung der Bundeswehr —, um möglichst allen Hochleistungssportlern ausreichende Trainingsbedingungen zu gewähren.
2. Die Umwandlung der Deutschen Sporthilfe in eine vom Großkapital personell und organisatorisch unabhängige Organisation.
3 Mitbestimmung in allen organisatorischen und materiellen Angelegenheiten der Sporthilfe für die Massenorganisationen, insbesondere für die Vereine und Fachverbände im Deutschen Sportbund, die Gewerkschaften und alle demokratischen Jugendorganisationen.

Das nötige Geld ist da

Um die vorstehenden Forderungen in die Tat umzusetzen, ist ein starker Druck der Mitglieder des Deutschen Sportbundes notwendig. Nur durch eine starke Mobilisierung der Masse der Sporttreibenden wird es möglich sein, die Zentralisierungs-Tendenzen im BRD-Sport zu bremsen und eine Demokratisierung des Deutschen Sportbundes einzuleiten.

Die Vorstellungen der DKP zur Sportpolitik, die in den Leitsätzen niedergelegt sind, können dem im Sportverein aktiven Kommunisten und Demokraten ein wichtiges Hilfsmittel sein. besonders, weil sie sich von allen anderen Partei-Sportprogrammen neben vielen anderen Aspekten vor allem in einem Punkt unterscheiden: Hier wird auch dargelegt, wie die notwendigen Veränderungen und Erweiterungen in der bundesdeutschen Sportförderung finanziert werden können.

Die DKP fordert in dieser Beziehung:

1. Mehr Geld für das Bildungswesen, in dem der Sport eine wichtige Funktion zu erfüllen hat, durch den sofortigen Stopp der Rüstungsausgaben und ihre schrittweise Herabsetzung um jährlich 15 Prozent.

2. Die Neuaufteilung des Gesamtsteueraufkommens zugunsten der Gemeinden, damit diese ihren Verpflichtungen gegenüber dem Sport besser nachkommen können.

3. Eine höhere, progressive Besteuerung der Großgrundbesitzer, Konzerne und Monopole sowie eine Unterbindung der Steuerflucht.

Diese Maßnahmen würden einen Aufschwung des Sports in der Bundesrepublik begünstigen. Eine endgültige, sichere Grundlage allerdings würde unser Sport, wie bereits dargestellt, erst in einem sozialistischen Gesellschaftssystem erhalten.

Immerhin erkennen immer mehr Kreise in der Bundesrepublik und auch in der gesamten westlichen Welt, welche Förderung der Sport heute bereits in den existierenden sozialistischen Staaten erhält. Der Präsident des Weltrates für Sport (CIEPS), Nobelpreisträger Noel Baker aus Großbritannien, erklärte auf der ersten Europäischen Sportkonferenz im Juni 1973 in Wien: „Wir haben voneinander zu lernen. Aber ich glaube, wir die wir in westlichen Ländern leben, haben besonders viel zu lernen von den Ländern des Ostens! Der Sport für alle erfordert in allen Ländern eine solche enorme Förderung, wie er sie zum Beispiel in der Sowjetunion erfährt. Auch ich habe die Teams aus den sozialistischen Ländern bei vielen großen Veranstaltungen erlebt. Selten sieht man so ausgezeichnete Sportler, und das meine ich in moralischer wie in leistungsmäßiger Hinsicht. Das ist ein Standard, den wir überall erreichen sollten."[4]

4 Nach: Unsere Zeit, Nr. 22/1971.